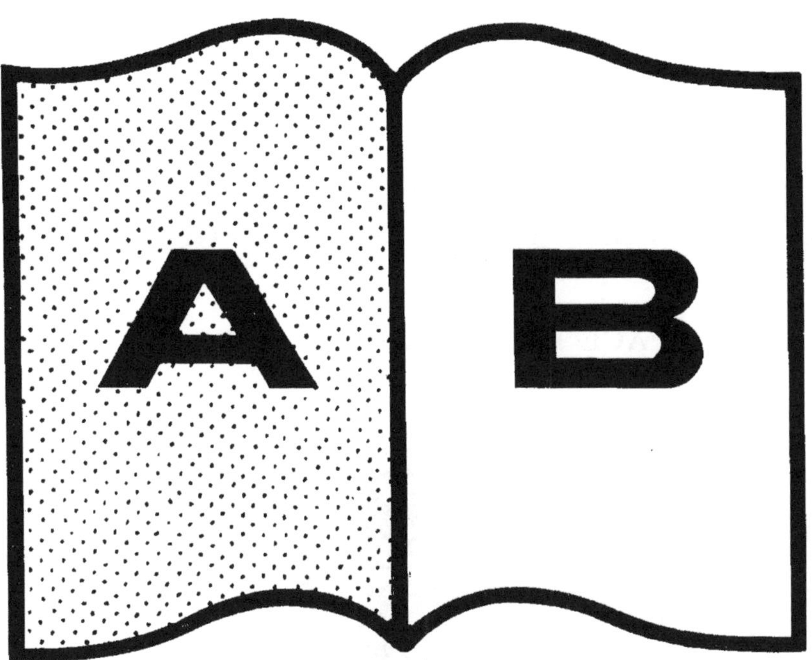
A
B

LIEUTENANT PÉRICARD

FACE A FACE

SOUVENIRS ET IMPRESSIONS
D'UN SOLDAT DE LA GRANDE GUERRE

PRÉFACE DE M. MAURICE BARRÈS
de l'Académie Française

PAYOT & Cie, PARIS

Deuxième Mille

FACE A FACE

SOUVENIRS ET IMPRESSIONS

D'UN SOLDAT DE LA GRANDE GUERRE

DU MÊME AUTEUR :

En préparation :

VERDUN. — Souvenirs et impressions de six mois de bataille.

LIEUTENANT JACQUES P...
(LIEUTENANT PÉRICARD)

FACE A FACE

SOUVENIRS ET IMPRESSIONS D'UN SOLDAT DE LA GRANDE GUERRE

Avec une préface de M. MAURICE BARRÈS
DE L'ACADÉMIE FRANÇAISE
et 35 dessins à la plume de M. Paul Thiriat

PARIS
LIBRAIRIE PAYOT & Cie
106, BOULEVARD SAINT-GERMAIN

1916

A M. Henri HOUSSAYE

Directeur de l'Agence Havas

EN TÉMOIGNAGE DE RESPECTUEUSE GRATITUDE.

Son modeste collaborateur

J. P.

DEBOUT LES MORTS!

Aujourd'hui, dans le monde entier, chacun connaît cet épisode que d'innombrables articles, des gravures, des poésies, ont popularisé. Vous vous rappelez? les Allemands ont envahi une tranchée et brisé toute résistance; nos soldats gisent à terre; mais soudain de cet amas de blessés et de cadavres, quelqu'un se soulève et, saisissant à portée de sa main un sac de grenades, s'écrie: « Debout, les morts!... » Un élan balaye l'envahisseur. Le mot sublime avait fait une résurrection.

J'ai désiré connaître le héros de ce fait immortel. Je me suis trouvé en présence d'un lieutenant aux cheveux blancs. Le lieutenant Péricard n'a pourtant que trente-neuf ans. Parti comme sergent de la territoriale, passé, sur sa demande, au 95e d'active, il a été nommé adjudant, sous-lieutenant, lieutenant. J'ai causé longuement avec lui. Naturellement, son récit n'a pas le caractère tout simplifié qui fait le charme des légendes, et je n'essayerais pas de le reproduire tel que je crois l'avoir recueilli de sa bouche, si je ne voyais un intérêt psychologique à noter ce qu'il m'a dit sur la manière dont le mot sublime est monté à ses lèvres. Nous avons là une occasion d'assister à la formation de pensées et de sentiments mystérieux. Les sources de vie, l'inspiration, la foi, l'ardeur, jaillissent dans nos tranchées avec une extraordinaire intensité. Des forces profondes sont toujours prêtes à y faire explosion, et William James, auprès de nos soldats, recueillerait en abondance ces phénomènes d'illumination immédiate, parfaitement raisonnables et capables de conférer la force morale, dont il a publié de si riches collections dans son fameux traité des Varieties of Religious Experience.

Au reste, pressé par mon travail, dans un ordre de pensées si beau et si grave, je vous donnerai le fait brut sans chercher à démêler les éléments multiples qui constituent sa richesse.

« *Au commencement d'avril, m'a dit le lieutenant Péricard, alors qu'avaient lieu les grandes attaques du Bois d'Ailly, mon régiment fut chargé de faire une diversion au Bois Brûlé. Le colonel de Bélenet nous commandait. J'étais alors adjudant. J'ai gardé un souvenir confus de ces quatre journées. Tant de milliers d'impressions mêlées, heurtées, me venaient du dehors par mes yeux, par mes oreilles, et rejoignaient toutes les émotions qui s'élevaient de mon âme en tumulte ! Le 5 et le 6, nous ne fûmes que spectateurs de la lutte. A chaque veille de combat, c'est d'abord une oppression, la chair se révolte, le poil se hérisse, la lâcheté hurle, puis c'est la prière, l'âme se jette aux pieds de Dieu : « Que votre volonté soit faite ! » Alors, c'est la paix.*

» Le 7, ma section, avec trois autres, de compagnies diverses, reçut l'ordre d'attaquer la tranchée allemande. Le combat fut acharné ; nous eûmes de nombreux morts et blessés ; toute la nuit, nous nous sommes battus à coups de grenades, sous une averse torrentielle qui ruisselait à même la peau, mais nous tenions la tranchée, et je sentais mon âme épanouie, dilatée. J'éprouvais une extraordinaire intensité de vie ; j'avais le rire à fleur des lèvres. Par deux fois, une torpille me renversa, me couvrit de terre et de débris, et je me ramassai en riant comme à une bonne plaisanterie. Je vous dis cela pour tâcher de vous faire comprendre des heures inoubliables.

» Au matin, on nous releva, afin que nous puissions nous reposer, et nous sommes allés dans une tranchée de deuxième ligne où nous avons essayé de dormir. Pauvre sommeil ! Vers le milieu du jour,

nous voici réveillés en hâte : les Boches viennent de contre-attaquer avec avalanche de grenades et de torpilles. Ils nous repoussent. C'est une panique. Non seulement ils nous ont repris leur tranchée, mais ils atteignent la nôtre. Et déjà nos hommes se pressent dans les boyaux, en criant :

» — *Les Boches ! Les Boches !*

» *Ah ! ces yeux chavirés, ces faces convulsées, ces bouches tordues ! C'est la seule déroute que j'aie vue. Quel épouvantable spectacle ! Tous les officiers sont blessés. Seule, l'étroitesse des boyaux ralentit les fuyards, qui s'écrasent. J'ai un moment d'hésitation. Après tout, ce n'est pas mon tour d'attaque, et puis, mes hommes sont bien fatigués... Mais je me ressaisis. Je fais mon sacrifice, et je décide de mourir pour arrêter les Boches.*

» *Je me fraye un passage à travers le troupeau d'épouvante, et, tout en jouant des coudes, je crie :*

» — *Mais non, les amis, mais non, les Boches ne sont pas là. Ils sont repartis, les Boches ! Ils foutent le camp, les Boches !*

» *Et d'autres cris analogues, qui, répétés de bouche en bouche, arrêtent un peu le mouvement de retraite. Quelques volontaires se joignent à moi. Je me lance en avant. Mes grenadiers arrosent les Boches. Ceux-ci reculent. Je sors de la tranchée française, le premier. J'étais aussi sûr de ma mort que de la clarté du soleil. Mais quelle sérénité ! La sérénité du moribond qui meurt en état de grâce, et qui voit se pencher vers lui les anges.*

» Toujours lançant des grenades, nous arrivons à la tranchée ennemie. Nous reprenons notre morceau. Je fais établir en avant, dans un boyau qui mène de la première à la deuxième ligne allemande, un barrage de sacs. Je respire.

» Mais, à notre gauche, les Allemands se battent toujours dans nos lignes à nous. Mais, à notre droite, la tranchée est vide (les nôtres partis, les Boches pas encore arrivés). Nous sommes là une poignée, complètement isolés, avec une pluie de grenades sur nos têtes, venant de l'avant. Si les Boches connaissaient notre petit nombre !

» Leur artillerie fait rage. Le lieutenant Paulet qui est venu nous soutenir et qui fume sa cigarette en riant aux projectiles, reçoit une balle au-dessus de la tempe. Il s'appuie au parapet, les deux mains derrière le dos, la tête légèrement inclinée. Par la blessure, le sang gicle avec force, en décrivant une parabole, comme le vin d'un tonneau par le trou de la vrille. La tête penche de plus en plus, puis le corps s'incline, puis, brusquement, la chute.

» La douleur de ses hommes, qui se jettent en

pleurant, sur son corps... Impossible de faire un pas sans marcher sur un cadavre. Je me rends compte, soudain, de la précarité de mon sort. Mon exaltation m'abandonne. J'ai peur. Je me jette derrière un amas de sacs. Le soldat Bonnot reste seul. Il n'en a cure et il continue de se battre comme un lion, seul contre combien ?

» Je me ressaisis. Son exemple m'a fait honte. Quelques camarades nous rejoignent. Le jour s'achève. Nous ne pouvons pas demeurer ainsi. A droite, il n'y a toujours personne. J'aperçois la tranchée, sur une longueur d'une trentaine de mètres, interrompue par un énorme pare-éclats. Si j'allais voir ce qui se passe par là ? J'hésite. Puis, un coup de volonté et je me décide.

» La tranchée est pleine de cadavres français. Du sang partout. Tout d'abord, je marche avec circonspection, peu rassuré. Moi seul avec tous ces morts !... Puis, peu à peu, je m'enhardis. J'ose regarder ces corps, et il me semble qu'ils me regardent.

» De notre tranchée à nous, en arrière, des hommes me contemplent avec des yeux d'épouvante, dans lesquels je lis : « Il va se faire tuer ! » C'est vrai qu'abrités dans leurs boyaux de repli, les Boches redoublent d'efforts. Leurs grenades dégringolent et l'avalanche se rapproche avec rapidité. Je me retourne

vers les cadavres étendus. Je pense : « Alors, leur sacrifice va être inutile ? Ce sera en vain qu'ils seront tombés ? Et les Boches vont revenir ? Et ils nous voleront nos morts ?... »

» *La colère me saisit. De mes gestes, de mes paroles exactes, je n'ai plus souvenance. Je sais seulement que j'ai crié à peu près ceci : « Oh là, debout ! Qu'est-ce que vous f... par terre ? Levez-vous et allons f... ces cochons-là dehors ! »*

« *Debout, les morts !... Coup de folie ? Non.* Car les morts me répondirent. *Ils me dirent : « Nous te suivons ». Et se levant à mon appel, leurs âmes se mêlèrent à mon âme et en firent une masse de feu, un large fleuve de métal en fusion. Rien ne pouvait plus m'étonner, m'arrêter. J'avais la foi qui soulève les montagnes. Ma voix éraillée et usée à crier des ordres, pendant ces deux jours et cette nuit, m'était revenue, claire et forte.*

» *Ce qui s'est passé alors ? Comme je ne veux vous raconter que ce dont je me souviens, en laissant à l'écart ce que l'on m'a rapporté par la suite, je dois sincèrement avouer que je ne le sais pas. Il y a un trou dans mes souvenirs ; l'action a mangé la mémoire. J'ai simplement l'idée vague d'une offensive désordonnée. Nous sommes deux, trois, quatre au plus contre une multitude, mais cela même nous est orgueil et réconfort. Un des hommes de ma section, blessé au bras, continuait de lancer sur l'ennemi des grenades tachées de son sang. Pour moi, j'ai l'impression d'avoir eu un corps grandi et grossi démesurément, un corps de géant, avec une vigueur surabondante, illimitée, une aisance extraordinaire de pensée qui me permettait d'avoir l'œil de dix côtés à la fois, de crier un ordre à l'un, tout en donnant à un autre un ordre par geste, de tirer un coup de fusil et de me garer en même temps d'une grenade menaçante.*

» *Prodigieuse intensité de vie, avec des circonstances extraordinaires. Par deux fois, les grenades nous manquent, et, par deux fois, nous en découvrons à nos pieds des sacs pleins, mêlés aux sacs de terre. Toute la journée, nous étions passés dessus sans les voir. Mais c'étaient bien les morts qui les avaient mis là !...*

» *Enfin, les Boches se calmèrent ; nous pûmes consolider notre barrage de sacs en avant, dans le boyau. Nous nous trouvâmes de nouveau les maîtres dans ce coin.*

» *Toute la soirée et pendant plusieurs des jours qui suivirent, je gardai l'émotion religieuse qui m'avait saisi au moment de l'évocation des morts. J'éprouvais quelque chose de comparable à ce qu'on ressent après une communion fervente. Je comprenais que je venais de vivre des heures que je ne retrouverais plus jamais, durant lesquelles ma tête, ayant brisé d'un rude effort le plafond bas, s'était dressée, en plein mystère, parmi le monde invisible des héros et des dieux.*

» A cette minute, certainement, j'ai été soulevé au-dessus de moi-même. Il faut bien que cela soit, puisque j'ai reçu les félicitations de mes hommes. Pour qui a pratiqué les « Poilus », il n'est pas de Légion d'honneur qui vaille ces félicitations-là.

» Si je vous parais chercher, en vous faisant ce récit, une satisfaction de vanité, c'est que j'exprime bien mal mon sentiment, ma volonté. Je sais que je n'ai rien d'un héros. Chaque fois qu'il m'a fallu sauter le parapet, j'ai grelotté de peur, et la détresse qui m'a saisi en pleine action et que je vous disais, il y a un instant, n'est pas un accident dans ma vie de soldat. Je ne mérite aucun compliment d'aucune sorte. Ce sont les vivants qui m'ont entraîné par leur exemple, et les morts qui m'ont conduit par la main. Le cri ne sortit pas de la bouche d'un homme, mais du cœur de tous ceux qui gisaient là, vivants et morts. Un homme seul ne pourrait trouver cet accent. Il y faut la collaboration de plusieurs âmes, soulevées par les circonstances, et dont quelques-unes, déjà, planaient dans l'éternité.

» Pourquoi ai-je été choisi plutôt que tel officier,

plutôt que tel soldat, parmi ceux qui furent mêlés à l'affaire et dont l'héroïsme n'a pas, comme mon courage à moi, connu de défaillances ? Pourquoi plutôt que le colonel de Bélenet, qui parcourait les lignes sous la pluie de grenades, ou le lieutenant Bournadet, ou le sous-lieutenant Pellerin, ou l'aspirant Vignaud, ou le sergent Prot, ou les caporaux Chuy, Thévin, ou le soldat Bonnot? (Il m'en citait indéfiniment.) *Pourquoi? On peut recevoir le souffle d'en haut et n'être qu'un pauvre homme.*

» *Si jamais vous racontez cette histoire, je vous demande instamment de nommer tous ces chefs et ces soldats, car ce serait un mensonge que j'aie l'air de monopoliser la gloire de cette belle journée de notre régiment. Le cri n'est pas à moi seul, il est à nous tous. Plus vous fondrez mon rôle dans la masse, plus vous vous rapprocherez de la réalité. J'ai la conviction de n'avoir été qu'un instrument entre les mains d'une puissance supérieure.* »

MAURICE BARRÈS,
de l'Académie française.

18 Novembre 1915.

FACE A FACE

IMPRESSIONS ET SOUVENIRS D'UN SOLDAT DE LA GRANDE GUERRE

PREMIÈRE PARTIE

TERRITORIAL

I

LA DOULCE MORT

Le bonhomme Juillet s'active avec sa faux, à travers les blés de la Woëvre. Quelques jours encore, et la grande guerre comptera douze mois révolus.

Bonnes gens de l'arrière, j'ai pensé qu'il pourrait vous être agréable de m'entendre vous conter les souvenirs de cette année.

Quand, avant la guerre, je lisais un récit de batailles, je me demandais, presque toujours :

— Quels étaient les sentiments de ces soldats, de ces chefs? Avec quelle âme allaient-ils au combat? Quelles fermentations produisait en eux la pensée de la mort?

Ces questions, d'autres se les poseront sans doute à l'occasion de la guerre actuelle. C'est cette curiosité que je voudrais satisfaire.

Il n'est pas ici question de talent, ni d'observation, ni de philosophie, ni de littérature, mais simplement de sincérité. J'aspire à montrer l'homme que La Bruyère eût voulu trouver derrière chaque écrivain. Mes peines, je les détaillerai aussi bien que mes joies ; mes craintes aussi bien que mes espoirs ; mes défaillances aussi bien que mes enthousiasmes. Les courbes montantes et descendantes de la fièvre seront, sur la feuille de température, marquées avec une impartialité pareille.

— Donne-moi, dit la vieille chanson, donne-moi la clé de ton âme...

Mon âme, la voici grande ouverte. Entrez et regardez se projeter sur elle les événements, comme sur l'écran d'un cinématographe. Pas un de ces chapitres qui n'ait été écrit en première ligne, au son des balles et des crapouillots. Et, parfois, si j'ai su me hausser à la hauteur de ma tâche, vous entendrez, en lisant, hurler à vos oreilles le bruit de la bataille, et des projectiles ensanglantés viendront sous vos doigts percer les pages.

A mes lecteurs, je souhaite plaisir, mais profit par surcroît.

N'y a-t-il pas eu, par quelque endroit, brisure entre « ceux » du front et « ceux » de l'arrière?

Il nous semble parfois, à nous, d'ici, que nous ne parlons plus tout à fait le même langage.

Nous sommes deux foules dont les chemins s'écartent.

Vous avez beau faire, vous autres, et y mettre de la bonne volonté, vous ne pouvez pas arriver à vous convaincre qu'il y a quelque chose de changé dans le pays et que de la grande guerre vont dater des événements nouveaux, tellement nouveaux que les hommes devront, pour s'y adapter, subir une métamorphose comparable à celle de la chenille qui se sent pousser des ailes.

Cela, non, vous ne le croyez pas.

Vous nous faites illusion parfois ; vous prenez nos façons de parler et de sentir, et nous nous disons :

— Très bien, très bien ; ils ont attrapé tout à fait la manière !

Et puis, à un détour de phrase, patatras ! votre pensée culbute, et nous nous apercevons que vous répétiez des paroles sans les comprendre, comme feraient de petits enfants...

Pendant que j'écris, les obus passent au-dessus de ma tête, longs serpents d'épouvante à l'affreux sifflement ; les bouteilles éclatent à droite, à gauche, avec un bruit infernal. C'est l'atmosphère habituelle et l'habituel spectacle de la tranchée dans nos parages, avec les Boches à quelques mètres de nous, et les cadavres du dernier combat étendus entre les deux lignes.

De la vieille forêt aux chênes plusieurs fois centenaires, il ne reste plus que des troncs coupés au ras du sol et un amas de branches, de brindilles, de copeaux, que traverse, de-ci de-là, miraculeusement préservé du désastre, quelque minuscule rameau verdoyant.

Comment je puis écrire dans ce décor et avec ce tumulte qui remplit, à les déborder, mes oreilles?... Je fais ce que font tous ceux qui m'entourent : ce que fait ce caporal, en train de limer une bague pour sa fiancée, ce que fait ce soldat qui termine une lettre, ce que font ces trois sergents appliqués à leur manille aux enchères.

— Bzim ! bdoum ! éclate le 105.

— Je coupe et atout ! répond le sergent.

— Ploup ! badaboum, boum, boum ! rugit la bouteille.

— Je t'aime, ma chérie ! rêve le jeune caporal.

La pensée de la mort nous est, ici, devenue familière et il n'est pas du tout certain que

Comment je puis écrire dans ce décor ?... (p. 22).

j'interrompe ma page si l'on venait m'apprendre que cette journée qui s'achève sera pour moi la dernière.

Mon ordonnance, profond philosophe, a trouvé la raison de cette indifférence :

— On est vivant une quarantaine d'années, en moyenne, et on est défunt toute l'éternité avant et toute l'éternité après : ce n'est pas étonnant qu'on s'habitue sans peine à la mort !

Et puis, par l'exemple des camarades, il est si facile de mourir ! On s'en va tranquillement, sans secousse, et mourir semble aussi naturel et aussi simple que de manger et de boire. Je puis compter les agonies que j'ai vues s'achever dans les gémissements. Qu'avaient-ils fait à l'ange de la mort, ces malheureux désespérés ?

Pour tous les autres, une chanson maternelle a bercé leurs derniers moments :

— Do, do ! mon petit ; là..., fais ton petit dodo.

Non, je n'ai plus peur de la mort depuis que j'ai reçu les confidences muettes d'un de mes caporaux, jeune homme de vingt-deux ans, d'un caractère un peu sombre.

Il avait été frappé au défaut de l'épaule d'un éclat d'obus ; la plaie atroce ne pouvait être pansée, et je dus rester près de lui, figé dans mon impuissance, regardant sa vie qui s'écoulait au fil du sang.

Il me prit la main et, sans force pour parler, il fixa mes yeux, souriant — lui qui craignait la mort, et qui ne s'en cachait pas — d'un sourire aussi plein, aussi profond, aussi épanoui que celui du saint Jean-Baptiste au doigt levé, de Vinci, et ce sourire, comme celui du saint Jean, voulait dire :

— Ami, je sais, maintenant... Cela n'est pas du tout terrible, je t'assure.

II

TARTARIN

La mobilisation me trouva sergent de territoriale.

Dans l'attente de cette guerre, que prévoyaient toutes mes fibres nerveuses, je m'étais dit à chaque nouvel Agadir :

— Je me sens des jambes trop alertes, un cœur trop jeune, pour me résigner à garder des voies : vienne la guerre, et je m'engagerai.

C'était là un de nos sujets de conversation avec ma femme. La chère créature se résignait mal à cette pensée ; mais, trop douce pour me contredire, elle n'essayait que des objections timides.

Je tirais beaucoup de gloire de mon patriotisme auprès de ma famille et mes dissertations sur la levée en masse obtenaient toujours un grand succès. La mort de ma femme ne fit que m'ancrer dans ma résolution et, dès mon arrivée à Bourges, le 2 août, je m'inquiétai des démarches à faire pour quitter le 62e territorial et entrer au 95e d'active.

On me répondit qu'aucun engagement ne serait accepté avant la fin du mois, pour ne pas désorganiser la mobilisation...

Je fus bien soulagé...

Ma certitude de la victoire s'accrut beaucoup quand je sus que je ne serais pas obligé de donner le premier effort. Je repris mes dissertations patriotiques qu'avait interrompues la pensée qu'il était temps de tenir la promesse faite à moi-même de m'engager. Aux jeunes soldats rencontrés dans les rues de Bourges, je payai force bocks et les invitai à se battre en héros.

On m'écoutait avec intérêt.

Un jour, un hasard me permit d'entendre deux de mes catéchumènes qui commentaient mes discours. Et ils disaient, mes catéchumènes :

— Tu l'as entendu, le vieux père? On voit bien qu'il est territorial. Ça ne lui coûte pas cher, à lui, la marche en avant !

Et, de ce jour, je n'allai plus que très rarement au café.

Cependant je vis partir le 95e dans un grand serrement de cœur. C'est à leurs côtés que j'aurais voulu me battre, avec toute cette jeunesse, toute cette ardeur, tout cet enthousiasme, toute cette gaieté. Je sentis rudement, en voyant le train fleuri s'éloigner de la gare, le poids de mes trente-huit années.

Je fus humilié.

Moi, dont l'orgueil naïf s'était habitué à se considérer comme le centre du monde, voilà que des jeunes gens s'en allaient accomplir de grandes choses, tout habillés de neuf, et ils me laissaient là !

Il n'y avait pas de place aux frontières pour les vieilles capotes, les vieux souliers et les vieilles gens...

— Mais, me demanderez-vous, quels étaient, au fond, vos désirs? Partir ou demeurer?

Question embarrassante, non pour la réponse à faire, mais à cause de cette réponse même.

Certes, j'étais prêt à accomplir des merveilles ; j'avais déjà accompli des merveilles, — en imagination. Guillaume ne saura jamais tous les soldats que je lui ai tués, toutes les forteresses que je lui ai prises d'assaut, tous les drapeaux que j'ai enlevés à la pointe de ma baïonnette ou de mon épée. Je m'étais, en quelques jours, nommé sous-lieutenant, lieutenant, capitaine et officier de la Légion d'honneur, et j'étais prêt à poursuivre le cours de mes exploits.

Ce n'était donc pas l'héroïsme qui me faisait défaut, mais simplement le courage. Je voulais bien être un héros, mais cela m'ennuyait de risquer ma vie.

J'ai vu depuis, à la lecture des journaux, que nous étions plusieurs en France à penser de même...

Cinq jours après le départ du 95e, ce fut le tour du 62e territorial...

Quand Tartarin quitta sa ville pour aller chez les *Teurs*, ses paquets, ses caisses, ses malles, ses cantines emplissaient un fourgon. Et moi, partant pour Gray, j'avais condensé dans mon sac ou arrimé à l'extérieur tant de foulards, tant de flanelles, tant de boîtes de conserves, tant de couvertures, tant de souliers de rechange, — et un hamac, et un sac de couchage, et une pèlerine, et un périscope, — que l'échafaudage monstrueux s'élançait par-dessus ma tête et débordait de chaque épaule. Et, comme ma barbe grise avait poussé pendant ces dix jours, me vieillissant en un coup de quinze années, j'entendais, sur le chemin de la gare, les gens s'écrier en me montrant du doigt :

— Oh ! voyez donc ce vieux... Faut-il qu'il soit solide pour porter un sac pareil !

Et ce sont là des réflexions qui font plaisir.

Seulement, en arrivant à mon wagon, j'avais ma chemise trempée et j'étais à bout de résistance... Les gardes-voies, tout le long de la ligne, ont fait, ce jour-là, une belle moisson des mille choses qu'en me cachant de mes camarades, j'ai, l'une après l'autre, semées.

— Oh ! voyez donc ce vieux !... (p. 29).

III

LA VILLE DÉSERTE

Gray est une toute petite ville, au bord d'une large rivière. Est-ce la mobilisation qui a vidé la ville de ses habitants, ou est-ce la coutume que, dans l'est de la France, chaque personne ait pour elle seule deux ou trois maisons?... Toujours est-il qu'à part les chasseurs à cheval et les territoriaux, on ne rencontrait personne dans les rues.

Toute l'animation de la ville s'était concentrée dans la Saône. Mais, là, quelle population grouillante !

C'était une de mes stupéfactions à moi, pêcheur de Seine, habitué à guetter toute une journée l'ombre d'une ablette, de contempler, du haut du pont de pierre, l'enchevêtrement prodigieux des perches, des carpes, des tanches, des truites, des brèmes, des anguilles ; par myriades, les dos argentés reluisaient au soleil, au point que, parfois, les flots pressés des poissons refoulaient, de droite et de gauche, les flots de la rivière.

En y réfléchissant, maintenant, je sais pourquoi on avait envoyé le 62e territorial dans une ville déserte.

Les Berrichons sont de braves soldats, certes, — ils l'ont bien montré depuis, — mais qui ont sur la discipline des idées tout à fait personnelles. Ils consentaient à traverser les rues avec l'arme sur l'épaule, car cela se doit ainsi et c'est ainsi qu'ils avaient toujours procédé pendant leur service actif ; mais là s'arrêtait leur obéissance, et c'est en vain que nous autres, les sergents, essayions de leur faire éteindre leurs pipes sur les rangs ou interrompre leurs conversations.

Notre vieux colonel nous regardait sans rien dire. Il nous regarda ainsi pendant trois jours. Sans doute lui fallut-il ces trois jours pour arriver à saisir la situation dans son ensemble. Ou, peut-être, la stupeur avait-elle déterminé chez lui une sorte de paralysie ?

Mais il se ressaisit. Oh ! il se ressaisit bien ! Et je vous assure qu'elles s'éteignirent, les pipes, et qu'elles s'interrompirent, les conversations, et que les jarrets se tendirent et que les têtes se levèrent !

Et devinez l'effet produit chez tous par sa sévérité subite ? Une satisfaction intense ! Au fond, les plus indisciplinés rougissaient de leur indiscipline et le respect humain les empêchait seul d'admettre qu'ils avaient honte de leur débandade...

Le saviez-vous, Français, ô mes frères ! que vous êtes de grands enfants ?

Penser que cette monstruosité put s'implanter chez nous : le respect humain de notre patriotisme ! Penser que nous avons eu honte d'avouer notre amour pour la douce France, pour cette patrie la plus antique, la plus riche, la plus claire, la plus noble, la plus vivante, la plus généreuse, la plus maternelle !

Mais ces temps-là sont passés. Les mots de patrie, de France, de devoir, n'écorchent plus nos lèvres ; dans la forêt de *la Marseillaise*, chaque jour, nous allons cueillir des gerbes d'enthousiasme, et voici ce que, ce matin même, on m'a conté :

A Boncourt, petit village de l'arrière, où l'un des bataillons du VIIIe corps est au repos pour quelques jours, il y avait, hier, musique militaire et le programme comprenait *la Marche lorraine*. A peine les instruments attaquaient-ils les premières notes du célèbre pas redoublé que, sans s'être concertés, d'une seule bouche, d'un seul cœur, les cinq cents hommes présents entonnèrent les paroles vibrantes :

Fiers enfants de la Lorraine !...

Et quand les derniers accords, lancés d'un élan endiablé, s'arrêtèrent, toutes les voix étaient enrouées et de tous les yeux des larmes coulaient...

Le rôle des territoriaux, à Gray, consistait à monter la garde dans l'immense gare régulatrice, à accompagner les convois de munitions jusqu'à la frontière et à conduire vers Nevers ou Paray-le-

Monial les prisonniers qu'on nous amenait du front.

Ce fut en accompagnant un convoi de ravitaillement que ma compagnie, la 12e, eut l'honneur de descendre un zeppelin dans la gare de Badonviller (1).

Si ce haut fait se passait maintenant, il vaudrait à ceux qui l'accompliraient force citations et médailles.

Au mois d'août, à part *le Petit Marseillais* et *le Petit Parisien*, personne n'en parla.

Je sais bien que, dans la vaste tourmente qui jetait la France aux frontières, la destruction d'un zeppelin était un événement de minime importance. Tout de même, on a fait preuve de psychologie en créant la croix de guerre et en ajoutant à

(1) Je suis heureux d'apprendre par son colonel lui-même le nom de l'artilleur qui donna le premier coup au zeppelin n° 8 avec un obus de son 75 : cet artilleur est le canonnier Colibet.

C'est grâce à cet obus, magistralement pointé, que le zeppelin, incapable de faire manœuvrer son gouvernail de profondeur offrit aux territoriaux du 62e une si belle cible ; ceux-ci ne laissèrent pas échapper l'occasion et décochèrent au monstre, malgré les bombes, près de 600 balles, lesquelles achevèrent sa ruine.

Le sergent qui commandait le détachement des territoriaux a reçu quelques mois après, à ce qu'on m'assure, la médaille militaire.

chaque numéro du *Bulletin des armées* un supplément de quatre pages pour les citations à l'ordre du jour.

Le Français est amoureux de gloire et sa vanité foncière le persuade aisément qu'il est né pour de grandes choses. Dites à un lâche qu'il est lâche, et vous le plongerez plus avant dans sa lâcheté. Dites à un lâche qu'il est un brave, et il n'aura pas de repos qu'il n'ait justifié à ses yeux et aux vôtres la bonne opinion que vous avez manifestée de lui.

Si vous obtenez ces résultats avec des éléments inférieurs, que sera-ce avec des hommes naturellement braves comme le sont presque tous les soldats français !

On ne distribuera jamais trop de décorations. On peut poser en principe que tous ceux qui ont vu le feu ont accompli, non leur devoir strict, qui est de se bien battre, mais plus que leur devoir, courant au-devant du danger, le cherchant, s'y délectant, superbement dédaigneux de la mort.

J'ai participé à d'assez nombreuses affaires avec plusieurs compagnies différentes, et j'ai trouvé, en tout et pour tout, deux lâches. Encore l'un des deux avait-il tellement honte de sa lâcheté, qu'on doit, je crois, incriminer sa faiblesse nerveuse plus que sa volonté.

Décoré ou non, j'insiste là-dessus, tout soldat du front doit être tenu pour un brave. Si vous trouvez que j'exagère, je vous invite à feuilleter les citations qui, depuis le début de la guerre, s'accumulent, et à me dire si jamais, dans le cours, non d'une guerre unique, mais des guerres de tous les siècles, vous pourriez amasser pareille collection de désintéressements, d'abnégations, de sacrifices, d'actes héroïques, de paroles sublimes.

A certaines époques de notre histoire, le pays s'incarna dans un être à qui il donna son propre visage : Bayard, Villars, Du Guesclin, Charles Martel, saint Louis, Jeanne d'Arc... Aujourd'hui, par un inouï miracle qui procure au spectateur le frisson de l'infini, c'est chaque soldat combattant qui porte sur son front la majesté de la France.

IV

LA MORGUE TEUTONNE

C'était fête, pour nous, quand notre tour venait de servir d'escorte aux prisonniers. Nous avions ainsi l'illusion de participer à la guerre et, pour ma part, je ne pouvais me lasser d'interroger ces visages étrangers et de chercher au fond des regards l'âme qui se manifestait avec tant d'énergie farouche.

Prisonniers, certes, mais non vaincus. Leurs yeux criaient leur colère de la fortune ennemie, leur mépris de géants pour les Lilliputiens qui avaient réussi à les serrer dans leurs réseaux, leur conviction passionnée d'une délivrance prochaine, leur soif de vengeance.

Cette attitude ne laissait pas que d'en impressionner plusieurs ; mais moi, pensant à l'effondrement de la Prusse après Iéna, et à la servilité des Prussiens devant leurs vainqueurs, servilité dont aucune autre nation ne donna de si mémorables exemples, je répondais à l'arrogance par des sourires et je renvoyais *in petto* les Teutons superbes au jour inévitable où la défaite leur apparaîtrait certaine.

Je m'amusai, un jour, à une expérience dont je me repens maintenant, — car on ne saurait avoir trop de respect pour un ennemi désarmé, et il n'est pas permis de se livrer sur lui à une plaisanterie, même anodine, — mais dont le résultat me montra que je jugeais à sa juste valeur la fierté allemande.

J'avais pris en consigne un détachement d'une soixantaine de Bavarois et d'une vingtaine de Prussiens.

Dès le premier contact, j'affectai une politesse obséquieuse et des égards manifestement exagérés, m'effaçant avec précipitation pour laisser passer tel prisonnier qu'un soldat changeait de compartiment, offrant une allumette allumée à tel autre qui tirait sa pipe de sa poche, indiquant, avec une amabilité de garçon de magasin, le nom des localités traversées par le convoi.

Les Bavarois, de vieux territoriaux tout neufs sortis du magasin d'habillement et que je soupçonne de n'avoir pas fait de grands efforts pour échapper à la captivité, me manifestèrent leur reconnaissance de mes prévenances, mais ne se départirent ni de leur résignation ni de leur tristesse : les uns disaient leur chapelet avec force signes de croix ; les autres regardaient leurs gardiens à la dérobée avec des yeux où se lisait la crainte.

Mais les Prussiens !...

Plus je multipliais mes égards, et plus croissaient leurs exigences.

C'était bien ce que j'avais prévu.

Je redoublai d'obséquiosité, à la grande stupéfaction des soldats de ma section que je n'avais pas habitués à cette attitude, et j'eus bientôt la satisfaction de m'entendre dire par un sous-officier :

— Nous foulons que fous nous fassiez tonner tes cigares à la brochaine arrestation tu train !

J'avais ce que je désirais.

Aussitôt mon visage se rembrunit, mes sourcils se froncent, ma mâchoire se contracte. Je regarde le sous-officier prussien avec un regard qui le perce comme un coup d'épée et, d'une voix qu'étrangle la colère (je me jouais, en réalité, la comédie et je n'éprouvais d'autre sentiment qu'une forte envie de rire) :

— Vous dites?...

— Che dis..., che dis...

Mais sa phrase s'acheva dans un bredouillement indistinct ; il baissa la tête, et, jusqu'à la fin du voyage, quand j'entrais dans le wagon des Prussiens, toutes les conversations aussitôt s'éteignaient et tous les yeux cherchaient avec intérêt le plancher.

De cette pauvreté de caractère des Allemands, j'eus une autre preuve, plus péremptoire encore.

On avait descendu à Gray, pour le soumettre à un interrogatoire, un lieutenant de Poméraniens, accusé d'avoir donné l'ordre d'achever des blessés français. Quatre hommes, commandés par un sergent, le gardaient dans une salle de la gare.

Ce lieutenant était un homme grand, vigoureux, au visage intelligent et qui eût été sympathique sans la morgue qui le déformait comme une blessure. Quel mépris souverain quand, parfois, son regard tombait sur l'un des hommes de son escorte! Comme il se sentait d'une essence supérieure et comme, en lui-même, il devait maudire le sort qui l'avait livré, lui, le roi de la jungle, au vil troupeau des singes!

— Qu'est-ce que c'est que ça ?... (p. 39).

L'heure du déjeuner arrive. On lui apporte une boule de pain et une gamelle.

— Qu'est-ce que c'est que ça? demande-t-il en tenant la boule entre deux doigts, comme il eût fait d'une ordure.

— Votre repas, dit le sergent.

— Mon repas ! à moi ! ça (et il lança le pain à l'autre bout de la salle). On ose donner ça à un officier allemand !... Allez dire au commandant de la gare que j'exige d'être conduit, à l'instant même, au buffet, afin de me faire servir le menu du jour et tels suppléments qu'il me plaira ! Vous entendez? à l'instant même, ou, sinon, il apprendra à me connaître !

Le sergent hésite ; puis, sur un geste impérieux du prisonnier, il se décide à aller faire la commission. Il revient bientôt.

— Le commandant vous attend, dit-il.

Sourire de triomphe du prisonnier ; le voilà parti avec son escorte vers le bureau militaire. En chemin, il rencontre un adjudant qui oublie de le saluer. Il s'arrête et, d'un ton furieux, rappelle à l'ordre le sous-officier. Celui-ci s'empresse de réparer son erreur.

Une des premières théories qu'on nous fit en effet, à notre arrivée à Gray, avait pour sujet : les marques extérieures de respect dues... aux officiers allemands. Nos officiers à nous, braves gens un peu gênés dans leurs uniformes neufs, auraient fermé les yeux si un de leurs hommes était passé près d'eux sans les saluer. Mais que ce salut eût été refusé à un officier ennemi !... Cette seule pensée me fait trembler pour le coupable.

On entre dans le bureau et le lieutenant poméranien recommence à débiter son histoire : qu'il exige d'être conduit au buffet, sur l'heure, etc., etc.

La réponse du commandant est brève, mais bien sentie :

— J'ai là, dans votre dossier, de quoi vous faire fusiller à l'instant si tel est mon bon plaisir. Vous êtes convaincu d'assassinat et vous osez me parler de la sorte !

Le lieutenant, tout comme mon sous-officier prussien, baisse aussitôt la tête, effondré : le changement d'attitude n'a pas demandé une seconde. L'escorte le ramène, et — détail dont je suis obligé de garantir l'authenticité tant il paraîtra incroyable — lui qui, l'instant d'avant, réclamait avec fureur le salut d'un adjudant, il saluait maintenant tous les soldats qui portaient sur leurs manches le moindre bout de galon, et jusqu'aux caporaux eux-mêmes !

De ces deux expériences et d'autres semblables, j'ai tiré la conviction que la force de nos ennemis n'est que superficielle et s'envolera au premier ouragan. Ils ont la morgue des parvenus et leurs façons rappellent celles des grands seigneurs comme Frontin ressemble à un gentilhomme quand il a endossé le vieil habit de son maître.

Un peuple-roi que l'Allemand? Un peuple de conducteurs et de chefs?...

Maraud, va me chercher mes pantouffes et m'apporte mon bonnet de nuit !

V

L'ACCOUTUMANCE

Vers le 20 août, je changeai de compagnie.

Peut-être trouverez-vous que je m'étends avec trop de complaisance sur ces premiers souvenirs. Vous avez hâte de me voir sur la ligne de bataille. Je n'y peux rien. Ce sont toujours les premiers souvenirs les plus abondants et les plus précis : plus nous avançons et plus notre imagination se dessèche.

Nos années de jeunesse sont des océans de sensations, d'images, de douleurs et de joies ; quant à nos années d'enfance, leur richesse est telle qu'elles débordent les limites de la mémoire et qu'elles nous semblent venir des origines mêmes du monde.

Ainsi d'un voyage, ainsi d'un désir, ainsi d'un amour, car les sentiments eux-mêmes ont leur jeunesse.

Ainsi d'une guerre.

La vie de mobilisé, avec son imprévu et son originalité, m'ouvrit d'abord des perspectives illimitées. Puis, l'habitude aidant, l'étrange devint familier et l'extraordinaire devint banal ; et, maintenant je couche dans la boue, je dors le jour et veille la nuit, je rampe sous les balles, je tue des hommes, je joue à cache-cache avec la mort, et cette existence, qui sans doute prend dans votre esprit un relief très accusé, ne dépose pas en moi d'impressions plus profondes que les menus faits de ma « vie civile ».

Demandez-moi, *ex abrupto*, ce que je faisais tel ou tel mois de l'année passée (1), avant le déchaîment de la guerre, en avril, par exemple.

Ce que je faisais? Mais le matin, je bêchais mon jardin ou me promenais dans la forêt de Marly ; l'après-midi, j'allais à mon bureau ; le soir, dans ma maison déserte, j'écrivais ou je lisais, en m'interrompant, parfois, pour sourire à la disparue qui me regardait dans son cadre et dont je sentais la chaude et douce présence roulée autour de mon cœur comme une fourrure.

Mais des souvenirs précis de ce mois-là, je n'en ai pas.

De même, ce que je faisais en avril dernier, je

(1) Ce premier volume de souvenirs a été écrit en 1915.

n'en sais rien. Mises à part quelques grandes dates de bataille qui émergent dans toute leur sauvage horreur, ma mémoire est une plaine monotone où nul événement n'accroche le regard.

Et cet état d'esprit ne m'est nullement particulier : nous sommes tous pareils sur le front. Même ceux qui avaient, avant la guerre, le souci d'une ferme, d'une industrie, d'un commerce, même les plus âgés d'entre nous, témoignent d'une même indifférente philosophie ; ils accomplissent des actes difficiles avec insouciance, ou dangereux avec sérénité.

Ils sont — qu'on me pardonne l'expression un peu précieuse — les fonctionnaires de l'héroïsme.

Bien plus ! cette vie, loin de leur peser, leur est devenue à ce point familière qu'ils n'en souhaitent pas d'autre tant que leur tâche demeurera intacte.

Vous qui, à l'arrière, vous irritez de la longueur de l'épreuve, et qui murmurez comme s'il dépendait d'un arrêté préfectoral de débarrasser la France de sa vermine, écoutez ce dialogue.

Je l'ai entendu, à Commercy, entre un sergent-major de mon régiment, épicier dans une ville du Centre, et sa femme, qui avait réussi, au moyen d'un subterfuge, à pénétrer dans la zone des armées.

Je me trouvais à côté d'eux à table d'hôte et je ne pouvais pas ne pas entendre.

— Tous nos commis sont partis, disait la femme, et il ne me reste plus qu'un petit garçon de treize ans.

— Raison de plus pour vendre la maison, répliquait le mari, et ne pas tomber malade de fatigue.

— Mais je ne trouverai pas de la maison le dixième de ce qu'elle vaut !

— Qu'est-ce que ça fait, pourvu que ta santé ne soit pas compromise ?

— Tu ne pourras jamais remonter une maison comme la nôtre !

— J'aurai toujours ma femme et mes trois enfants : c'est le principal.

— Mais tous tes efforts de douze ans seront perdus !

— Tu diras une prière à saint Antoine pour me les faire retrouver.

Et la conversation continua de la sorte, mi-sérieuse, mi-plaisante, jusqu'à une dernière réflexion du mari, qui jeta la femme dans une crise de larmes et de baisers (toute la table d'hôte feignit de ne rien voir) et qui arrêta le torrent des lamentations.

— Mais enfin, s'était-elle écriée, on dirait que tu es content d'être en guerre !

— Non, ma chérie, je ne suis pas content et tu le sais bien. Mais à quoi bon déplorer ce qu'on ne peut empêcher ? Et puis, suis-je donc tant à plaindre, moi qui ai trois enfants avec des joues pareilles (il tenait à la main une photographie) et une petite femme qui m'aime comme au premier jour ?...

VI

L'UNION SACRÉE

En apprenant que j'allais les quitter, les hommes de ma demi-section me témoignèrent leur sympathie et leurs regrets avec une chaleur qui me fut sensible. Je n'étais pourtant demeuré avec eux que peu de jours, et les services que j'avais pu leur rendre en m'occupant de leur bien-être méritaient à peine un souvenir ; mais l'observation est banale que l'uniforme du soldat rajeunit un homme et lui rend la fraîcheur des sentiments de son enfance.

C'est là un des beaux côtés — et non le seul, comme vous le verrez avec moi — de la guerre, de ce cataclysme si épouvantable par tant d'autres aspects.

Je ne saurais aller plus loin sans rendre aux gens de Gray l'hommage qu'ils méritent.

Une vieille dame souffrante, Mme Bernard, à qui le plus grand calme était nécessaire, accueillit cepen-

— Oh ! madame ! on sait vivre... (p. 47).

dant deux escouades dans l'appartement au-dessus du sien. Elle recommanda simplement aux caporaux de faire le moins de bruit possible, et ceux-ci le lui promirent avec des protestations et des jurements :

— Oh ! madame, on sait vivre !

Je vous crois qu'ils savaient vivre ! Ah ! les sauvages ! Ah ! pauvre chère dame !

Un autre habitant, qui avait laissé à la campagne les clés d'un logement inoccupé, et navré de ne pouvoir me rendre le service que je lui demandais, m'autorisa à faire ouvrir les serrures par un serrurier et, au besoin, à enfoncer la porte !

Et les pièces avaient été remises à neuf l'année précédente et elles étaient entièrement meublées !

Mais, ce qui donne à son geste une plus grande valeur encore, c'est que ce logement n'était pas à lui, mais à une parente partie pour le Midi et qui lui en avait laissé la garde. Que cet homme ait eu dans le cœur de sa parente une confiance pareille, quel éloge pour tous les deux !

Et que dire de l'empressement mis par les Graylois à me prêter les marmites, les chaudières, les ustensiles de toutes sortes nécessaires à nos cuisiniers? Une pauvre vieille voulait me donner son unique pot-au-feu. Quant au sacristain, si je l'avais écouté, j'aurais dévasté sa maison du grenier à la cave. Pour se venger de mon refus opiniâtre, il décida de distribuer chaque jour un quart de vin à chacun des vingt hommes logés près de lui !

Ces souvenirs me remettent en mémoire le magnifique élan qui, aux premiers jours de la guerre, jeta tous les Français les uns vers les autres et en fit vraiment une même famille.

L'union sacrée ne fut pas alors un vain mot. Est-elle toujours la même aujourd'hui?... Dites-nous qu'elle est toujours la même ; nous avons besoin de le croire et ils perdraient la plus grande partie de leur raison d'être, nos sacrifices, s'ils ne devaient pas nous donner une France plus unie, plus aimante, plus fraternelle.

Nous autres, ici, — voilà une digression encore, mais elle est nécessaire et ils ne formeraient qu'un vain bavardage, ces souvenirs, s'ils ne cherchaient pas à tirer un enseignement de leur expérience, — nous autres, dis-je, sur le front, avons, naturellement et sans efforts, unifié nos âmes.

Nous objecterez-vous que notre cas et le vôtre ne sont pas semblables et que nous avons, nous, pour cimenter notre union, le sang versé en commun et la mort bravée côte à côte? Non, vous ne nous ferez pas une objection pareille, car ce serait dire que vous distinguez votre sort du nôtre et que, derrière la ligne de tranchées qui nous sépare de l'Allemand, un autre fossé existe, plus profond encore, qui nous isole de notre pays.

Oui, l'union sacrée fleurit ici. Communes les douleurs et les joies ; communs les colis familiaux et les porte-monnaie. Des semaines entières passent sans qu'on entende le bruit d'une querelle, et quand par hasard deux coléreux s'oublient ce n'est pas une voix, mais dix voix qui s'élèvent pour imposer silence aux malavisés.

La fraternité est poussée jusqu'au scrupule ; les conversations évitent tout ce qui pourrait créer des malentendus ; de politique, il n'est en particulier plus question, et, si l'on vous dit que dans telle compagnie se trouvent un prêtre et un vénérable de loge, — je prends à dessein un exemple topique, — tenez pour certain qu'ils sont amis intimes.

Affectation de leur part? Oh ! non pas ! Mais leur violent désir de bien faire et leur soif ardente de concorde les ayant rapprochés l'un de l'autre, ils sont arrivés à se connaître, et, s'étant connus, ils se sont appréciés et aimés. Il y a tant de motifs, pour nous Français, de nous chérir les uns les autres, et il y en a si peu de nous haïr ! Notre longue histoire commune, fleurie de vaillance et parfumée de chevalerie, nous a fait une âme tellement pareille, noble à souhait et gentille à plaisir ! Nos dissentiments ont des causes presque toujours si futiles !

De grands progrès ont été réalisés sans aucun doute, mais nous voudrions mieux encore.

Qu'il y ait de légers nuages au-dessus des familles

les plus unies, eh ! nous le savons bien ; mais les circonstances actuelles ne sont pas les circonstances ordinaires de la vie. L'épreuve a ravivé nos susceptibilités, aiguisé nos scrupules, et la plus petite mésintelligence entre Français nous fait peine et nous choque, comme si nous assistions à une dispute dans la chambre d'un malade.

Oh ! mes frères ! mes frères ! Maman est blessée, maman souffre ! Serrons-nous autour d'elle et qu'elle n'entende de nos bouches que des paroles d'amour.

VII

LUTTES INTIMES

L'excellente Mme Bernard, qui avait accueilli deux de mes escouades, tint à me loger, moi aussi. Mais, plus que la chambre à coucher confortable, plus que le salon ciré, aux fenêtres égayées de plantes grimpantes, j'appréciai le jardin dans lequel elle me conduisit en me disant :

— Je n'y descends jamais, il est à vous.

Avec ses trois terrasses étagées, sa profusion de fleurs et de verdure, son exposition incomparable au-dessus de la Saône, ce jardin m'apparut comme un autre Paradou. Je plaçai une table à l'ombre d'un pommier, et je passai là, désormais, toutes mes heures de loisir, lisant, écrivant, ou rêvant devant le paysage merveilleux. La Saône coulait paresseusement à travers la vallée ; son eau glauque aux heures de l'aube et du crépuscule éclatait au soleil de midi, comme une nappe liquide de métal. Le ciel, uniformément bleu tout le jour, n'était rayé que par le vol des hirondelles, et quand, parfois, le soir, se levait quelque léger nuage, ce n'était là qu'artifice d'une nature coquette et prétexte à parer son coucher de draperies multicolores.

Cependant je n'arrivais pas à tirer de ce spectacle toutes les jouissances qu'il me semblait tenir encloses. En vain cherchais-je à exciter mon enthousiasme en me remémorant mes promenades extasiées d'enfant à travers les campagnes de Tasset, mes méditations sur un brin d'herbe, mon attendrissement devant une fleur, qui pouvait aller jusqu'aux larmes, et la ferveur sans cesse renouvelée avec laquelle j'abordais tout paysage nouveau au cours de mes voyages.

Comme vous avez souri en moi, collines de la Riviera, parfumées de roses, et vous, apocalypses des sierras, quels profonds *Te Deum* m'ont chantés, sous les nuits embrasées de l'Espagne, vos orgues gigantesques !

Mais, de ces concerts, mon âme ne me rendait plus qu'un écho à peine perceptible et, mélancoliquement, je sentais les années étouffer l'enthousiasme.

Le mois passé, qu'on m'avait donné pour délai avant que fussent acceptés les engagements volontaires, je renouvelai ma tentative.

Mais mon capitaine :

— De quoi vous embarrassez-vous là ? N'y a-t-il pas, ici, de quoi occuper votre bonne volonté ?

Et d'insister je ne me sentis pas le courage.

Au fond, je devais le reconnaître, je n'étais pas fait pour le métier des armes. Tout enfant, alors qu'on ne rêve, d'ordinaire, que chevauchées, batailles, combats singuliers, je ressentais contre la vie militaire une aversion insurmontable, et ce que ma pensée me représentait avec le plus de force, c'était non la gloire de l'ennemi vaincu ou l'enivrement de la victoire, mais la dévastation des incendies, la souffrance des blessures et l'horreur des cadavres déchiquetés par les corbeaux...

Par surcroît, des camarades, au courant de mes projets, s'en vinrent m'entreprendre :

« Est-il admissible que des barbons aillent se battre aux côtés des jeunes gens? Aurais-je même la force de les suivre? Et puis, ne devais-je pas songer à ma petite fille, qui n'avait plus que son papa au monde? »

Ces raisons me semblaient raisonnables, je les écoutais avec sympathie et, tout en cherchant des objections pour la forme, j'en arrivai très vite à me convaincre : j'attendrais, pour aller au feu, qu'on m'y envoie.

L'argument de ma petite fille, orpheline s'il m'arrivait malheur, pesait par-dessus tous les autres. J'avais envers elle des devoirs. Ces devoirs me laissaient-ils le droit de me désintéresser de son sort et de lui enlever le protecteur naturel qu'elle avait reçu de la Providence?

Mes camarades, plus désintéressés que moi dans le problème, disaient : « Non. » Je devais me ranger à leur avis.

Or, un jour qu'on m'avait apporté le rapport pour que je le communique à mes hommes, je lus une note du colonel autorisant les volontaires à quitter la territoriale pour entrer dans un régiment actif. Aussitôt, sans hésitation d'une seconde, comme d'une chose depuis longtemps mûrie, j'allai trouver le sergent-major et je lui dis :

— Inscrivez-moi sur la liste des volontaires !

Pourquoi cette soudaine volte-face? Je me le demandai longtemps à moi-même, sans réussir à démêler la complication de l'écheveau. Comment une décision arrêtée, logique, reposante, se mua-t-elle en une autre décision, non moins arrêtée, mais plus difficile, et qui allait avoir pour effet de me jeter au milieu de dangers contre lesquels criait ma lâcheté instinctive?...

Je le sais, maintenant...

Mais quel changement en moi, sitôt ma démarche accomplie ! Comme, de la vie, incontinent, me vint une saveur nouvelle ! Comme elle était pénétrante, la lumière du jour ! Comme le bleu du ciel et le vert des prairies étaient attendrissants !

L'enthousiasme de mon enfance, je le retrouvai intact. Non, je n'avais pas l'imagination pétrifiée ; non, la vieillesse n'avait pas commencé de neiger sur mon cœur, et toujours souriait en moi le parfum des roses, et toujours grondaient en moi les grandes orgues de la ferveur.

Je demeurai à Gray huit jours encore : ils compteront parmi les plus ensoleillés d'une existence qui, pourtant... Mais ceci ne regarde personne. Je vécus dans une sorte d'extase et beaucoup de secrets me furent dévoilés qui élargirent l'idée que je me faisais de la vie et du monde.

Je sus qu'entre deux devoirs qui s'opposent, il faut toujours choisir le plus difficile : on a moins de chances de se tromper.

Je sus encore que nous ne perdons jamais rien à nous montrer prodigues envers la Providence et que chacune de nos générosités nous est aussitôt remboursée au centuple.

Monstrueuse, maintenant, m'apparaît la crainte que de mon sacrifice un dommage puisse survenir à mon enfant. Même si je disparais dans cette guerre, même si ma petite fille reste seule, je dois tenir pour éternel que de ma mort une plus grande somme de joies lui écherra que de ma vie.

Vous que cette affirmation inquiète ou scandalise ne dites pas que vous croyez en Dieu !

Oui, ma fille, l'heure venue de m'en aller, pour ne plus jamais revenir peut-être, je t'ai quittée sans une larme, et ton souvenir ici, dans la tranchée, ne m'apporte que des joies.

C'est que je t'ai confiée à un père plus tendre et plus fort que moi, un père dont l'affection maternelle te protégera, te bercera, te réchauffera et enveloppera jusqu'aux épreuves dans le miel de la douceur et le sucre de l'amour.

Je suis tranquille.

VIII

LE VENT DU LARGE

Il me fallut un mois pour, de Gray, retourner à Bourges et, de Bourges, être envoyé sur le front.

Ces quatre semaines furent pour ma vanité l'occasion de copieuses bombances. Mon titre de volontaire resplendissait sur mon front comme une auréole et, loin de trouver exagérés les égards que me témoignaient mes camarades, je les comprenais, je les approuvais et je devais prendre garde pour ne pas, à chaque coup d'encensoir, m'écrier : « Encore ! »

— Quelle sottise ! direz-vous.

Ah ! certes, quelle sottise ! Et comme vous êtes bien qualifiés pour me jeter la pierre, hypocrites lecteurs, ô mes frères !

Je n'avais pas alors passé au creuset de la bataille et j'étais convaincu de tous les mensonges et de tous les sophismes qui font le fondement des sociétés humaines.

Je savais que ma personne était le centre de

l'univers et qu'elle se prolongeait dans l'illimité de l'espace et du temps.

Mourrais-je même un jour? Il m'arrivait, parfois, de parler de ma mort ; mais ce n'étaient là, dans ma bouche, que paroles vaines. Les autres, oui, évidemment, il leur faudrait mourir. Les autres, la belle affaire ! Mais moi ! Comment tant d'intelligence et de beauté, et de bonté, et de sagesse pourrait-il disparaître sans que le soleil s'éteigne et sans que le vaste éther chancelle sur sa base et retombe au chaos?...

Ma personne sacrée, il était donc juste et nécessaire qu'elle fût très bien vêtue et logée de façon confortable. Mon existence à l'infini prolongée, il était juste et nécessaire, afin de lui assurer son bien-être, d'amasser pour elle maison des champs et maison de ville, dividendes copieux et multiples titres de rente.

Dans un autre domaine, j'avais le devoir de veiller au culte de l'idole ; il me fallait lui assurer sa provision quotidienne d'hommages et de louanges :

— Je crois que ce maraud me regarde de travers. Maraud, baisse les yeux ou gare le coup de canne ! — Ce pauvre m'est antipathique et il n'aura rien de moi, rien, pas même un centime. — Mais n'est-ce pas les Durand qui s'avancent? Tenez, mon pauvre ami, voici une grosse pièce de dix sous ! — Ah ! comme un roman de Ponson du Terrail s'adapterait, en ce moment, à mon état d'âme ! Mais ma femme de ménage rôde aux alentours et je tiens au respect de ma femme de ménage... Vite, plongeons-nous dans un volume de Nietzsche et cachons nos bâillements !...

Cette hypocrisie, cette duplicité, cette sottise, c'est là, oui, c'est là tout le fondement des sociétés humaines, et, elles disparues, que nous resterait-il, sinon à dire adieu à la vie et à nous ensevelir dans une chartreuse ?

L'adieu à la vie, ils l'ont dit, ceux qui occupent les tranchées. Les tranchées sont un couvent et nulle thébaïde jamais n'eut une règle aussi austère. Dépouillés de leurs mensonges, délivrés de leurs servitudes, les poilus contemplent le monde avec des yeux qui n'ont jamais servi encore, et le sentiment qu'ils éprouvent pour lui, sentiment fait de lassitude et de torpeur, ne peut pas même rouler par delà l'indifférence pour tomber jusqu'au mépris.

Souvent des écrivains s'étonnent de la modestie des combattants qu'ils rencontrent. Cette modestie est générale au front et jamais les tranchées ne retentissent du récit des prouesses.

Chacun de nous sait trop bien ce qu'il peut, ce

qu'il vaut, sent trop bien ce qu'il lui manque. Et puis, comment s'enorgueillir de ses pauvres exploits quand on se remémore tous les héros tombés, les meilleurs, les plus braves, et dont les hauts faits n'ont eu d'autre témoin que Dieu?

Rien de tel que le flamboiement ininterrompu de la mort pour éclairer les tréfonds de l'âme.

Cette vanité sotte, dont je parlais tout à l'heure, commença d'être battue en brèche, même avant mon départ, par le spectacle des autres volontaires plus vieux que moi.

Plusieurs sergents avaient dépassé la soixantaine, — l'un d'eux, engagé le même jour que son plus jeune fils, âgé de dix-sept ans. Quant aux volontaires de cinquante ans, il y en avait des multitudes.

J'ai noté également, daté de Gray, le dialogue que j'eus avec un territorial de ma section et que je veux, pour votre édification, reproduire.

— Sergent, me dit-il, je demande à partir avec vous.

— Avez-vous bien réfléchi? lui répondis-je. Attendez encore : rien ne presse.

— Ma réflexion est toute prise et je ne veux pas attendre.

— Vous êtes marié?

— Oui, et j'ai quatre enfants.

— Quelle est votre profession?

— Marchand de journaux.

— Vous avez des ressources, sans doute? des économies?

— Sergent, je demande à partir avec vous... (p. 60).

— Je vis au jour le jour.

— Mais qui viendra en aide à vos enfants, si vous êtes tué?

— Mon père, qui est valide encore et qui, après

nous avoir élevés, mes frères et moi, élèvera bien ses petits-enfants.

— Avez-vous demandé son avis?

— Ce n'est pas la peine, il s'est engagé lui-même en 1870, et je sais qu'il sera fier de moi.

— J'insiste encore pour que vous ne preniez pas une décision précipitée. La guerre se terminera bientôt, peut-être (nous étions alors dans l'enivrement de la victoire de la Marne), et vous n'aurez pas besoin de vous battre.

— Raison de plus pour que je me hâte. J'aurais trop de peine que la campagne finisse sans que j'aie pu y participer.

Et il ajouta :

— Si je désire si vivement partir, c'est justement à cause de mes enfants. Depuis que je sais que les Allemands ont coupé les mains à des bébés et commis d'autres atrocités sur des tout petits, je n'arrive pas à avaler ma colère. Il me semble que ce sont mes enfants à moi qui ont été victimes ; il faut que je les venge !

Ces paroles, et d'autres semblables, venues d'anciens combattants qui attendaient au dépôt leur renvoi sur le front, étaient pour moi le sujet de méditations fécondes et m'apportaient un premier écho de la symphonie immense des tranchées.

Ainsi, bien avant d'arriver aux rives de l'Océan, le voyageur aspire l'âcre saveur des exhalaisons marines et sent ses poumons se gonfler aux souffles puissants du large.

IX

LA FOLLE DU LOGIS

Je partis pour le front avec un détachement de quelque quatre cents hommes, anciens blessés pour la plupart. Les souffrances n'avaient pas ralenti leur ardeur et ce ne furent, tout le long de la route, que rires, chants, farces, espiègleries, comme d'une bande de collégiens en promenade.

Octobre vieillissant s'effilochait aux platanes des talus ; mais, bien que la guerre fût commencée depuis plus de dix semaines, l'enthousiasme des populations traversées n'avait pas faibli. C'était, dans les gares, tout comme aux premiers jours, quand j'étais passé par là avec le 62e, une affluence de femmes, de vieillards, d'enfants, de jeunes filles, qui jetaient vers nous leurs acclamations, leurs baisers, leurs sourires, qui nous offraient leurs présents : fruits du Berry, fromages du Bourbon-

Du train qui se hâtait vers la frontière... (p. 64).

nais, vins, laitages, œufs, raisins, miches savoureuses de l'opulente Bourgogne.

Quant à la Lorraine, toute déchirée qu'elle fût à la tête et meurtrie, elle trouvait la force de nous apporter l'obole de la veuve : des brassées de chrysanthèmes baignés des pleurs de la rosée et des gerbes de roses couleur de sang.

Ainsi, du train qui se hâtait vers la frontière, nous voyions surgir, aux courbes de l'horizon, les doux visages de la France.

Comme elle était belle, cette France, au mélancolique soleil de l'automne, avec ses prairies où mugissaient les bœufs, ses plaines que les chaumes embrasés paraient du manteau royal, ses coteaux lourds de pampres, ses bois de sapins tout résonnants du cor des paladins, ses forêts de chênes emplies de l'odeur austère des siècles, d'où les druides à barbe blanche nous saluaient au passage de leurs faucilles d'or ; et comme je comprends votre amour pour elle et votre ardeur à la défendre, ô soldats du VIIIe corps, ô mes compagnons d'armes, gars du 13e, du 29e, du 56e, du 27e, du 85e, du 10e, du 134e, vous qui, les années passées, teniez la faux dans ses prairies, la charrue dans ses vignes, et qui, ensevelis dans les tombes vivantes des tranchées, n'en sortez plus que pour les vendanges de la bataille et les moissons pourpres de la gloire.

. . . .

Cette ligne de points représente deux longues pages de confidences que je viens de déchirer, trop intimes. J'ai senti, à les relire, comme une sorte de pudeur froissée. Elles vous auraient cependant intéressés, je le crois, et elles n'eussent pas été inutiles. Pas plus que moi, vous ne devez aimer faire route avec un compagnon dont vous entendez la parole sans apercevoir le visage, la tête dissimulée sous un épais capuchon. C'est pourquoi, de ces confidences, j'ai tenu à vous en garder une. Trop des récits qui vont suivre demeureraient pour vous lettre morte, si vous ne connaissiez la définition que déjà donnait de moi l'abbé qui me faisait le catéchisme :

5

— Péricard, ce n'est pas un composé d'une âme et d'un corps, mais d'un corps et d'une imagination.

La folle du logis a toujours occupé chez moi la place de maîtresse de maison, gourmandant ma raison, la bousculant, la mettant en pénitence et faisant d'elle une pauvre enfant martyre. Je tirerais de vos yeux des larmes à vous narrer les avanies quotidiennes que doit supporter l'infortunée et les brimades auxquelles elle est soumise.

Le conflit date de loin, des tout premiers temps de ma vie. Je marchais à peine seul que déjà, trouvant le jardin paternel trop étroit et mes joujoux trop insipides, je m'en allais jouer au ballon avec la lune et aux billes avec les étoiles.

Jeune homme, je mis dans mes divagations une sorte de méthode. Je me fis deux existences : la réelle, où tout m'était indifférent ou hostile, où je passais, triste, les yeux baissés, gêné, mal à l'aise ; et l'*autre*, jaillie, tout armée, de mon rêve, où je me dilatais, m'épanouissais ; où, cabotin à la Guillaume, j'endossais, pour mon seul agrément, tantôt l'un, tantôt l'autre de mes somptueux costumes.

Je fus, tour à tour, le poète qui tint aux magnificences de son verbe les multitudes pâmées ;

l'architecte qui dressa dans le ciel des cathédrales si hautes que les aigles s'essoufflaient à suivre leur envol ; le savant, maître des derniers secrets de la nature, qui pouvait, comme il est dit de la lampe merveilleuse, enchaîner à sa fantaisie les forces les plus obscures de l'univers ; le musicien dont les mélodies, prises au cœur même de l'âme universelle (n'essayez pas de comprendre, c'est de la métaphysique), faisaient, réellement et sans symbole, pleurer les rochers insensibles et danser les arbres dans les clairières ainsi que de jeunes béliers.

Je m'enivrai longtemps à ces sources vives. Mais les années, les années passaient, et elle dut bien admettre, à la fin, la folle, — au prix de quels efforts ! avec quelle mauvaise grâce ! — que, savant définitif, je ne parvenais pas à loger en ma mémoire une formule de chimie ; qu'architecte de cathédrales, je n'étais pas capable de clouer droit deux planches l'une sur l'autre ; que, musicien rival d'Orphée, je ne savais pas même solfier : *Au clair de la lune !*

Croyez-vous qu'alors elle se tint tranquille, la folle ? Ah ! vous ne la connaissez guère ! Après une période de dépression, très courte, elle s'avisa que, seule, la vie d'action comptait au monde et elle décida que je serais un homme d'action.

Ce fut ainsi que, sans quitter mes occupations parisiennes, je pris une part prépondérante à la guerre des Boers. Me pardonnent nos amis les Anglais ; mais, sans doute, leurs bataillons seraient-ils plus nombreux en France, si j'avais couché moins des leurs dans les plaines du Bothaland !

De même, je me distinguai de façon remarquable dans la guerre russo-japonaise, et je ne puis m'expliquer encore comment nos alliés russes virent leur échapper la victoire, quand je pense aux multitudes de Japonais que, muni des seules ressources de mes ruses diaboliques, je parvins à noyer dans les flots de l'Océan !

Aux périodes de calme, lorsque nul conflit ne faisait appel à mon génie militaire, je m'adonnais à la chasse aux grands fauves.

Je vous parlais, à l'instant, des déboires de ma pauvre raison.

Représentez-vous un peu, essayez de vous représenter, je vous prie, la situation de la malheureuse en service chez un monsieur de vêture correcte, d'apparence respectable, marié, père de famille, proposé deux fois pour les palmes académiques, et qui, à une question ainsi posée : « Où donc est Monsieur ? », aurait été obligée de répondre :

— Monsieur? Il est dans sa salle à manger, occupé à chasser le tigre.

Ou bien :

— Dans son cabinet de toilette, en train de cerner un troupeau d'éléphants sauvages !

X

SUR LE FRONT

Avec ce que vous savez sur la folle de mon logis, vous devez vous imaginer dans quelles extravagances elle était tombée, tandis que le train roulait vers la frontière, et vous devez entendre d'ici la belle scène de ménage.

— Nous arrivons, disait la folle, et dès la nuit venue nous rampons vers la tranchée ennemie, notre fusil en bandoulière et notre baïonnette entre les dents.

— Oui, se moquait ma raison, belle posture pour traverser les abatis d'arbres et les rangées de fils de fer !

— Les fils de fer ne nous inquiètent pas, repartait la folle, car nous découvrons facilement un passage frayé par les obus. Nous sautons dans la tranchée et, tapant de la crosse, nous assommons tous ceux qui se présentent. S'il en est qui se cachent dans quelque trou, espérant nous échapper, vaine espérance ! car notre baïonnette saura bien les dénicher dans leur repaire. La tranchée prise...

— Comme cela, en cinq minutes ! s'écriait ma raison. Et vous n'aurez pas même reçu une égratignure ?

— Si cinq minutes ne nous suffisent pas, nous en mettrons six : nous ne rêvons pas l'impossible. La première ligne prise, nous courons à la deuxième et là même besogne, mais plus facile, car les ouvrages de deuxième ligne sont moins fortifiés que ceux de première. C'est là que se trouvent les officiers : oh ! le beau carnage que nous allons faire ! Au moins six lieutenants et trois capitaines !

— Quoi ! raillait ma raison, pas même un officier supérieur ?

— C'est vrai, reprenait la folle qui n'y entendait pas malice. Le colonel doit faire par là des rondes fréquentes, et rien n'empêche que nous ne jetions par terre le colonel et son état-major. Une chose m'ennuie, cependant...

— Vraiment ? vous trouvez à la fin un obstacle ? C'est bien extraordinaire !

— Oui, que ferons-nous de nos prisonniers, s'ils refusent de nous suivre? Quatre cents hommes à mener, voilà qui n'est pas facile pour un seul homme.

— Quoi donc? Quatre cents prisonniers? Pas davantage?

— Il est de fait que, pour une opération de pareille envergure, quatre cents hommes constituent un maigre butin. Disons six cents, et nous serons modestes.

Et, impatiente de commencer le chapitre de mes prouesses, la folle eût déjà voulu me voir à mon poste de bataille et prenait à partie le train pour sa lenteur.

Le dirai-je? Oui, puisque j'ai formé le dessein de peindre le portrait fidèle d'un combattant de la grande guerre.

Eh bien ! je n'étais pas du tout mécontent de moi.

Il faut avoir récité un chapelet de semaines à Notre-Dame la Mort pour s'estimer à sa juste valeur et connaître, comme au dynamomètre, la limite de sa force morale et celle de sa résistance à la fatigue.

Ni l'une ni l'autre ne permettent à personne un grand orgueil.

Il y a des jours où nul exploit ne semble impossible, où l'escalade même du ciel apparaît jeu d'enfants. Il y en a d'autres, les plus nombreux, où, devant le danger, la nature renâcle, grince des dents, tire sur la chaîne : il faut la faire marcher à coups de fouet.

Et puis, qui établira, dans chaque action d'éclat, la part qui revient à ceux qui nous entourent? Les meilleurs, les plus braves, ceux qui davantage au danger s'exposent, presque jamais ils ne recueillent le fruit de leur courage parce que, se portant au plus fort du péril, ils ont, d'en revenir, bien peu de chances.

Mais, au combat, les individus disparaissent et ne possèdent plus qu'une âme. Ceux qui tombent passent à ceux qui restent le flambeau. Telle parole sublime, jaillie de votre bouche, a été pensée par le camarade qui gît à vos côtés ; tel acte héroïque accompli par vous est sorti tout brûlant de son cœur.

Emporté par mon imagination au pays des chimères, j'étais, je le répète, très satisfait de moi. N'ayant combattu que dans mes rêves, je ne connaissais ni les obstacles ni les dangers, et je pouvais me lancer au grand galop de ma fantaisie, sans risquer de faire un faux pas ni d'être arrêté par une blessure. L'habitude d'écrire, en m'obligeant à ne pas sortir ma pensée sans toilette de ville, contribuait également à attiser ma vanité. Une action d'éclat me semblait indigne d'être vécue sans un nombreux auditoire pour battre des mains et crier : « Bravo! » et je ne concevais pas de tomber, même dans un coup de main, même au profond de la nuit, sinon devant le président de la République ou, tout au moins, le généralissime !

J'arrivai sur le front à la fin d'une après-midi. Quelques kilomètres auparavant, en traversant le bois de Marbotte, plusieurs éclats égarés de 77 étaient tombés sur ma droite, à cinquante mètres pour le moins. Et, très fier, j'avais redressé la taille en pensant :

— Je viens de recevoir le baptème du feu.

Le baptême du feu? O candeur !...

En montant la route de la Louvière, qui devait me mener aux tranchées, je croisai plusieurs civières où gisaient des blessés et des cadavres. A chaque pas des brancardiers, les civières laissaient tomber des gouttes de sang. Et il y avait de larges flaques de sang sur l'accotement, de place en place, là où s'étaient reposés les porteurs.

— Ça vient du bois Brûlé, me dit un voisin. Sale

endroit ! On s'y tue nuit et jour. Vous verrez ça, sergent. Chaque bataillon doit, à son tour, aller se promener par là.

Je constatai que la vue des malheureux cama-

A chaque pas des brancardiers... (p. 73).

rades qu'on emportait vers l'ambulance ou le cimetière ne m'avait aucunement serré le cœur, et cette remarque me causa un sensible plaisir ; j'y vis une preuve de mon courage et de mon esprit de résolution. C'était, en réalité, une marque d'insensibilité.

Il a fallu la fraternité de la bataille et la communauté des dangers pour lier le sort de mes camarades au mien et les rendre inséparables. Chaque fois qu'un de mes compagnons tombe à mes côtés, c'est mon sang qui s'échappe par ses blessures.

DEUXIÈME PARTIE

SUR LE FRONT

I

PREMIÈRES IMPRESSIONS

Le soleil allait se coucher quand j'arrivai aux tranchées.

De quel vif éclat brillent, dans ma mémoire, les menus faits de cette première nuit et des quelques jours qui suivirent ! Avec quel relief je vois se dresser dans mon souvenir l'humble tranchée couverte de claies qui accueillit au seuil de la clairière le pèlerin passionné !

Justement, depuis hier (1), la compagnie nouvelle à laquelle j'appartiens est venue s'établir en réserve tout près des ruines de la tranchée d'octobre.

Ce matin, je me suis glissé, à travers les branches ébouriffées, dans le fossé à demi comblé ; j'ai des-

(1) Écrit en septembre 1915.

cendu les marches de l'abri des officiers, dont je fus l'un des artisans ; j'ai parcouru, d'un pas fervent, le layon qui menait aux premières lignes ; mais je n'ai pas retrouvé le charme étrange de l'humble village nègre, ni la mélancolie qui assombrissait le front de la forêt meurtrie.

Pourtant, c'est un ciel pareil qui s'étendait au-dessus de ma tête, un ciel ironique, gonflé de nuages et noir de vent, qui entremêlait chaque averse d'un rayon de soleil...

Je n'ai pas retrouvé non plus l'odeur du paysage.

Avez-vous remarqué que, lorsque l'âme se dilate à quelque émotion vive, l'odorat aspire le monde extérieur tout aussi fortement que la vue s'en imprègne? Chaque grand souvenir a ainsi son odeur en même temps que son paysage. Mais cette odeur est trop subtile pour qu'un odorat blasé la perçoive; très vite, elle se dilue au courant de l'accoutumance.

Après une brève présentation au capitaine, de la sixième, compagnie qui va être la mienne pendant plusieurs mois, un agent de liaison nous conduit, mon compagnon de route, le sergent Janet et moi, dans un coin de tranchée abandonnée.

— Votre chambre, messieurs, nous dit-il avec un sourire.

Assis au fond d'un trou de crapouillot, près de la

tranchée, deux hommes causent en fumant la pipe :

— Avec Un Tel et Un Tel, ça fait cinq. Passe-moi donc ton briquet.

— Voici... Cinq? Tu crois? Je croyais que ça faisait six.

— Non, cinq !

— Alors, Un Tel, quel jour le mets-tu?

— Un Tel, c'est jeudi que ça lui est arrivé. C'est pas vendredi.

— Peut-être bien, après tout... Zut ! la flotte qui recommence !

La voix était calme, sans trace aucune d'émotion, quasi indifférente. Jugez de ma stupéfaction quand, aux paroles qui suivirent, je compris qu'ils faisaient le compte des camarades tués la semaine précédente !

Par cette conversation, plus que par le spectacle des morts et des blessés rencontrés sur la route, j'eus la révélation de ma vie nouvelle. C'est que les morts dont il était question appartenaient à la même compagnie que moi. L'hydre que j'étais venue combattre faisait un bond de mon côté. Il ne s'agissait plus d'une guerre lue dans un livre d'histoire, ni de combats livrés à l'autre bout du monde. Cette guerre était ma guerre, et de ces combats j'allais prendre ma part.

A ce moment, pour la première fois, j'eus une

vision, qui souvent, par la suite, devait me hanter : celle d'un blessé accroché à des fils de fer, criant en vain : « Au secours ! », et qui se mourait là, dans la nuit. Ce blessé, c'était moi.

Belle chose que l'imagination et bien commode pour embellir une vie monotone ! Grâce à elle, j'ai voyagé dans tous les pays du monde et dans tous les siècles de l'histoire. L'or a coulé de mes doigts comme un fleuve ; tous les enivrements de l'action, toutes les extases de la gloire, je les ai connus.

Mais la lance d'Achille ne guérissait pas seulement les blessures ; elle était, dans sa main, l'arme la plus redoutable.

Un léger bobo devenait, livré à mon imagination, une infection mortelle ; d'un salut distrait donné par un ami, elle concluait aussitôt à une brouille sans espoir de retour, et si un être cher, attendu à une heure convenue, se mettait en retard de quelques minutes, cela signifiait évidemment ou qu'une automobile l'avait réduit en bouillie, ou qu'il gisait dans quelque gouffre, par cent mètres de profondeur.

Ainsi, par le fait de mon imagination, je n'avais ni peines légères, ni joies menues ; la folle habillait tout à sa mesure, et sa mesure était l'énorme.

Mon compagnon de route, Janet, engagé volontaire à cinquante-deux ans, venu avec moi du dépôt, me regardait.

— Dans quelques jours, lui dis-je, les yeux pleins de la vision macabre, ce sera peut-être notre tour.

— Mais non, mais non, s'écria-t-il. Pas d'idées noires. Moi, je suis sûr d'en revenir. Ça se sent, ça, tu sais.

Quinze jours après, il tombait d'une balle au cœur.

La pluie nous fit chercher un refuge dans notre gîte : un couloir étroit, à ciel ouvert, avec un peu de paille dans un coin, mais trempée, souillée, hors d'usage, du fumier, devrais-je dire.

Janet découvrit une niche à chien dans laquelle il se pelotonna.

Avant de quitter Bourges, je lui avais proposé de partager avec moi mon attirail : il avait refusé pour ne pas charger son sac outre mesure. Plusieurs fois, dans le trajet, sa verve s'était exercée aux dépens de mon dos courbé sous le faix, et de mon front mouillé par la sueur.

A mon tour de triompher.

J'attachai à des souches les brides de mon « hamac indéchirable », je m'enveloppai dans ma couverture caoutchoutée et, après un ironique :

« Bonne nuit ! » au malheureux enterré dans son trou, je m'endormis, narguant l'averse, payé, en un coup, de mes fatigues et content comme un roi.

Mon contentement dura jusqu'aux environs de

Mon contentement dura jusqu'aux environs de minuit... (p. 82).

minuit, heure à laquelle je m'éveillai brusquement, nageant dans la boue. Nageant? Non ; « faisant la planche » serait plus exact, car j'étais étendu sur le dos.

Mon « hamac indéchirable » s'était partagé en deux et m'avait laissé choir !

II

CONSEILS AUX BLEUS

Je ne sais si vous avez goûté beaucoup le récit de ma chute du hamac et si cette aventure ne vous a pas semblé un peu mince pour valoir les honneurs de la publicité. Je ne vous l'ai pas racontée sans dessein cependant, et elle va servir de base, si vous le voulez bien, pour appuyer quelques conseils, fruit de l'expérience d'un vieux « Poilu » aux jeunes « Poilus » qui se préparent à aller rejoindre leurs anciens sur le front.

Si nous étions engagés dans une guerre normale, pareille à ses devancières, une guerre qui fasse appel à l'agilité des jambes et à la vigueur des épaules, alors, je vous dirais :

— Alourdissez votre sac le moins possible. N'emportez que l'indispensable, c'est-à-dire, en dehors du chargement réglementaire :

Pour l'alimentation : une livre de chocolat qui s'ajoutera à vos vivres de réserve et qui vous fournira un aliment rapide et substantiel, et une boîte de comprimés de saccharine qui, sous un volume et un poids insignifiants, vous permettra de sucrer votre café, ou, du moins, vous donnera l'illusion qu'il est sucré.

Pour la correspondance : un bloc-notes de cartes-lettres. Cela suffira et cela ne vous interdira pas les longs épanchements, à l'occasion, si vous avisez vos correspondants d'ajouter, dans chacune de leurs lettres, une feuille de papier et une enveloppe.

Pour la vêture : un vaste et chaud foulard qui servira, à la fois, de foulard et de bonnet de nuit. Il sera bon, également, de remplacer le couvre-pieds réglementaire par une couverture imperméable, en veillant, cependant, à ce qu'elle ne soit pas trop lourde ;

Pour la pharmacie : une bouteille d'alcool de menthe, une autre d'élixir parégorique, un flacon de teinture d'iode, quelques cachets de bismuth et d'aspirine.

Rien de plus.

Le poids de ce chargement supplémentaire ne doit pas dépasser deux livres.

Mais, puisque le fantassin s'est mué en taupe, et que la moyenne des marches militaires oscille, actuellement, entre cent et deux cents pas quotidiens, vous pouvez vous permettre certaines fantaisies qui ne seraient pas de mise dans une guerre entre civilisés.

Sans tomber dans l'exagération que je vous ai confessée, et qui m'avait fait faire de mon havresac une succursale de plusieurs grands magasins, ne craignez pas de vous munir de divers petits objets qui vous rendront plus agréable le séjour aux tranchées.

Pour le dieu Ventre, — à lui l'honneur ! — quelques boîtes de sardines et de pâtés et quelques fromages. L'ordinaire est abondant, mais peu varié, et ce supplément ne paraîtra pas superflu certains jours de grand appétit. Une vingtaine de morceaux de sucre remplaceront avec avantage la saccharine, car, au seul avantage de la saccharine, qui est son pouvoir sucrant, très fort sous un petit volume, s'opposent, il ne faut pas l'oublier, des inconvénients multiples.

Pour votre correspondance, le cahier de deux sous quadrillé sera le meilleur des papiers à lettre, le plus pratique et le moins cher.

Pour la vêture, consultez votre résistance au froid. L'été, le linge et les vêtements du régiment, augmentés de quelques semelles intérieures, en liège ou en papier, suffiront amplement. Je ne parle que pour mémoire du moustiquaire ou cagoule, précieux contre les mouches : condensé, il tiendrait dans un dé à coudre et son poids ne dépasse pas un gramme.

L'hiver, il faut ajouter un passe-montagne, une paire de gants fourrés, un solide tricot. Je ne saurais trop recommander, l'été aussi bien que l'hiver, une pièce de toile caoutchoutée, — je ne dis pas : cirée. Prenez-la d'excellente qualité et très ample. La mienne avait trois mètres de long et un mètre vingt de large. Innombrables sont les services dont je lui suis redevable.

C'est elle qui m'a permis de me coucher sur la terre mouillée, sans être incommodé ; elle qui, tendue sur deux rondins, au-dessus de la tranchée, me servait de toit contre la pluie : nous pouvions nous abriter quatre sous son aile.

Avec les dimensions que j'ai données, la toile caoutchoutée pèse deux kilogrammes environ. Ce serait beaucoup, ce serait trop. Mais vous pouvez remédier à cet inconvénient en vous faisant aider, pour la porter, par les camarades qu'elle protège en même temps que vous-même.

Le jour de la marche en avant, vous la partagerez en deux : une moitié dont vous ferez cadeau, l'autre que vous garderez si vous n'avez pas de couverture imperméable.

Mais il n'y a pas que la grande marche en avant à prévoir ; vous devez penser également aux petites marches en avant, que constituent les attaques.

Pour les attaques, on laisse le sac à l'arrière ; on n'emporte que la musette, le bidon et la couverture. C'est dans ces circonstances-là surtout qu'on apprécie la couverture imperméable, car les tranchées ennemies où l'on prend pied sont, en général, bouleversées par l'artillerie, et, si des abris demeurent, on n'a ni la permission ni le goût de s'enterrer à plusieurs mètres sous terre.

Un conseil encore en passant : usez d'alcool le moins possible, car, à tous ses inconvénients ordinaires, il ajoutera celui d'aggraver votre mal si vous venez à être blessé. J'ai sur la conscience un meurtre involontaire, commis dans l'ignorance de ce qui précède, à une des attaques du mois de janvier. Un blessé passait, criant la soif. Pas d'eau sur la colline où nous nous battions. Je fis arrêter les brancardiers et je tendis au blessé mon bidon à demi plein de rhum : une heure après, il était mort. Or, sa blessure, une plaie au ventre sans gravité spéciale, ne comportait aucune issue funeste : l'alcool était le seul responsable, ainsi que me l'apprit le major, quelques jours après.

Comme vous l'avez remarqué, il n'a pas été question, dans cette nomenclature, d'objets utiles, ni du « hamac indéchirable », ni d'aucune des innombrables inventions nées de la guerre, lesquelles ne séduisent que les profanes.

Croyez-en un vieux « Poilu », ô mes jeunes amis ! et si, une fois sur le front, vous avez de l'argent qui vous embarrasse, payez des pipes et des boîtes de sardines aux camarades de votre escouade.

III

PREMIÈRES ÉMOTIONS

La nuit, si brusquement interrompue par ma chute du hamac, s'acheva dans un angle de la tranchée, sur une grosse pierre dont le pic du terrassier n'avait pu venir à bout. Je m'assis, enveloppé dans ma couverture, les pieds dans l'eau. Sur le caoutchouc, l'eau clapotait. J'essayai de me rendormir, mais je ne pus. Je n'insistai pas.

La situation nouvelle me semblait pleine de charme. J'étais heureux de me trouver, enfin, dans ces tranchées fameuses, et mon bonheur se composait, par parties à peu près égales, de patriotisme et de goût des aventures, d'esprit de sacrifice et de gloriole. Après avoir successivement rêvé, aux diverses étapes de ma vie, d'être un corsaire, un missionnaire, un ascète, un guerrier, un chasseur de fauves, voilà que j'allais pouvoir donner carrière à toutes ces aspirations à la fois. Les privations et les fatigues ne m'inspiraient aucune frayeur : je les désirais, au contraire, nombreuses et fortes, afin d'éprouver la puissance de mon sang que je sentais, comme à vingt ans, bouillonner, afin, aussi — l'orgueil, avec moi, ne perd jamais ses droits — de fournir à ma volonté des adversaires dignes d'elle.

Et ma folle, ma folle, si vous l'aviez vue, plus folle qu'aux beaux jours, toute mesure perdue, courant de droite et de gauche, sans souci des lois de la physique et de la physiologie, me faisant passer une semaine entière privé de nourriture, les pieds dans l'eau, sans que pour cela je perde mon sourire, ou m'attelant à des besognes qui eussent fait reculer Hercule, comme de hisser un canon sur une colline ou d'aller repêcher un caisson au fond d'un gouffre !...

Un appel mit fin à mes rêveries : l'agent de liaison revenait nous chercher, Janet et moi, pour nous conduire à nos sections.

En quelques secondes, Janet fut prêt ; il n'avait

que son équipement réglementaire, lui, le pauvre homme, mais moi !... Il m'eût fallu le grand jour et un bon quart d'heure de travail pour réempaqueter et reficeler tous les trésors de l'ingéniosité humaine dont je m'étais assuré la propriété à bons deniers comptants, depuis le casque invulnérable aux shrapnells, jusqu'aux guêtres antiboue.

Impatienté de ma lenteur, l'agent de liaison emmena Janet seul (nous n'allions pas du même côté) après m'avoir indiqué le sentier à suivre :

— Tout droit, me dit-il, pas à se tromper.

— Et à quelle distance, les Boches? demandai-je.

— Oh ! au moins à deux cents mètres.

Cet « au moins » me rendit rêveur.

Avec beaucoup de peine, je recueillis une partie de mon bazar ; puis, je m'engageai dans le sentier.

La pluie avait cessé et je pus goûter à plein cœur la joie de me sentir seul, dans une forêt, le fusil à la main, avec une tribu entière de grands fauves à portée de ma voix.

— Surtout, avait ajouté l'agent de liaison, ne vous trompez pas de chemin ; vous iriez droit chez les Boches.

Me tromper? L'homme ne savait évidemment pas à qui il avait affaire. Il était admis par moi, dans toutes les expéditions, tant de guerre que de chasse, que j'avais dirigées en imagination, avec tant de bravoure, que le sens de la direction constituait une des qualités merveilleuses auxquelles je devais ces succès extraordinaires, tels que personne, je puis le dire, ne peut se targuer de semblables.

C'est ainsi que pour chasser le rhinocéros, en Afrique, je ne prenais jamais de guide. Il me suffisait de trouver une trace, même vieille de plusieurs jours, pour que je la suive avec autant de sûreté que si l'animal lui-même avait marché devant moi. De même, quand me venait l'envie d'un cuissot de gazelle...

Mais je vous raconterai mes chasses une autre fois. Il s'agit, pour le moment, de la guerre.

Sûr de moi, d'autant plus que le chemin était unique et qu'aucune erreur ne pouvait se concevoir, je marchais, les yeux aux étoiles, rêvant, rêvant..., quand le sentier, brusquement interrompu, aboutit à des broussailles sans issue, et je me trouvai en plein bois et en pleine nuit, — il était trois heures et demie du matin, — plus égaré qu'au milieu d'une de mes forêts africaines.

Cette situation, déjà sans agrément, s'aggravait de la crainte d'aller tomber chez les Boches, car, vous l'ai-je dit, à mon sens remarquable de la direction, s'ajoutait une non moins remarquable inaptitude à m'orienter.

Je n'ai jamais pu me mettre dans la tête le nombre exact des points cardinaux.

Comme je tournais en rond comme un rat dans son piège, une balle siffla, puis une autre...

Je sentis leur souffle à mes oreilles.

Bientôt, ce fut une véritable rafale. Les balles s'enfonçaient en claquant dans les arbres, tout autour de moi, ou piquaient dans le sol avec un bruit mat.

Je m'aplatis derrière un gros chêne et j'attendis, le cœur battant.

Dans mon inexpérience, je m'imaginais que les ennemis m'avaient vu, malgré l'obscurité, et que j'étais leur cible.

Allais-je être frappé dès le premier jour de la campagne?...

IV

L'INDIFFÉRENCE AUX BALLES

Je restai derrière mon chêne un temps que je ne puis évaluer, mais qui me parut long, long, oh! comme il me parut long!

Enfin j'entendis des pas dans le sentier, un homme parut qui sifflotait : *C'est le roi Dagobert.*

— Qu'est-ce que vous faites là? me demanda-t-il, en s'arrêtant.

— Ce que je fais? repartis-je, stupéfait. Vous n'entendez donc pas les balles?

L'homme eut un sourire que je qualifierais d'ironique si un autre que moi en avait été l'objet. Il me demanda où j'allais et me montra la tranchée que je cherchais, à quelque dix pas de moi, cachée par une touffe de coudriers.

Puis, après avoir esquissé un pas de valse, il s'en fut de son côté en chantant à tue-tête :

Maman, les p'tits bateaux
Qui vont sur l'eau,
Ont-ils des jambes?

Le vrai type du gavroche.

L'homme, comme je le sus par la suite, était un des agents de liaison du capitaine. Il n'avait pas de plus grand plaisir que de se promener d'une tranchée à l'autre, et, petit à petit, il avait réussi à supplanter tous ses camarades : c'était lui que le capitaine chargeait de toutes ses communications aux diverses unités.

Quand une heure passait sans qu'on eût recours à ses services :

— L'temps m' dure, déclarait-il.

Et il s'en allait de lui-même faire une petite promenade dans le bois.

A ce moment-là, les tranchées, je l'ai dit, n'étaient pas reliées les unes aux autres. C'est donc à dos de plaine qu'il devait « faire sa petite promenade », au risque de recevoir une balle. Une de nos tranchées notamment, le Fer-à-Cheval, située à cinquante mètres à peine de la tranchée allemande, se trouvait dominée par un mamelon complètement dégarni d'arbres. Les relèves n'avaient lieu qu'à la nuit noire.

Comment l'agent de liaison (j'ai oublié son nom) s'y prenait-il pour traverser le mamelon, huit ou dix fois par jour, sans jamais être blessé?

Mystère.

Les Allemands, qui le connaissaient, le guettaient avec une patience dans laquelle on sentait de la rage. Une pluie de balles saluait chacune de ses apparitions. Mais lui, rapide et insaisissable, fendait la rafale comme l'anguille fend l'eau de la rivière.

Et, pour « remercier ses amis les Boches de leur politesse », il leur chantait, une fois en sûreté dans quelque trou, une des chansons de son inépuisable répertoire.

Mais à trop tirer sur la corde...

Un jour qu'il était plus imprudent que d'habi-

La douleur lui fit pousser des hurlements... (p. 95).

tude, une balle lui broya la cuisse. La douleur lui fit pousser des hurlements, — ce n'était qu'un enfant, un des tout derniers venus à la compagnie. Et c'est en sautant de la tranchée, pour lui porter secours, que le pauvre Janet fut tué d'une balle au cœur.

Cependant la fusillade avait cessé. Quittant mon abri, je me coulai dans la tranchée où se trouvait ma demi-section. Encore sous le coup de l'émotion ressentie, je fis, avant même les présentations, un récit pathétique de mon aventure.

L'attention qu'on m'accorda ne fut que distraite.

Je crus qu'on ne m'avait pas bien compris, et je profitai de l'arrivée de plusieurs travailleurs, qui avaient regagné la tranchée au petit jour, pour recommencer mon récit

Même inattention polie.

Je compris, plus tard, la raison de cette indifférence. A vivre au milieu du danger, on en vient très vite à n'y plus prendre garde, et l'agent de liaison dont je parlais à l'instant ne constitue pas un exemple solitaire.

Je me rappellerai toujours ma stupéfaction à voir, quelques jours après mon arrivée, mon vieux camarade Tartary descendre de l'ouvrage du 134, bien en vue des Boches, en plein jour, à tout petit pas de promenade, en lisant un journal !

Il faut que la fusillade soit bien vive pour que, même maintenant, alors que des boyaux sillonnent nos lignes en tous sens et en font de véritables toiles d'araignées, les « Poilus » condescendent à prendre le « chemin des taupes ». Cela ennuie de suivre les méandres du terrassement, de se garer pour laisser passer ceux qui viennent en sens inverse, de sauter les flaques d'eau quand il a plu.

On préfère marcher sur l'accotement, et si, de temps en temps, un camarade tombe, le risque — insignifiant si on le répartit sur la masse des promeneurs — est largement compensé par l'attrait d'une marche à l'air libre.

Il ne faut pas, d'ailleurs, s'exagérer le péril. « Il y a de la place à côté. »

Au bois Brûlé, au mois de janvier, ma compagnie fut quelque temps en réserve sur un plateau où se rencontraient toutes les balles de la région — les françaises aussi bien que les allemandes. — A certaines heures du jour, le matin à l'aube, et le soir vers huit heures, la chute des balles pouvait se comparer à une averse, et cela sans aucune métaphore. Bien entendu, nous allions d'un abri à l'autre — il n'y avait pas, alors, de boyau de communication — sans plus nous soucier des balles que d'une volée de moucherons.

Or, pendant la quinzaine de notre séjour, il n'y eut guère, si mes souvenirs sont exacts, que deux tués et cinq ou six blessés, presque tous appartenant à des troupes de passage sur « notre territoire ».

— Ce sont des étrangers ; les balles ne les connaissent pas.

Telle était l'explication simpliste donnée par les hommes de ma compagnie.

V

PREMIÈRE AFFAIRE

La deuxième section de la sixième compagnie, qui allait être la mienne pendant plusieurs mois, était commandée par le sergent-major. C'était un réserviste de la classe 1910, je crois, alerte, pétillant, pétulant, et qu'on ne voyait jamais, sinon les yeux allumés d'un sourire et la bouche fleurie d'une chanson.

Ses talents de chef de section en campagne ne m'inspiraient qu'une confiance médiocre. Je me trompais lourdement ; je le reconnus par la suite.

D'où venait l'impression mauvaise ? Sans doute de cette gaieté, que je prenais pour de la légèreté sans le vouloir. L'observation n'est pas neuve qu'une gravité prétentieuse en impose, et les docteurs allemands, solennels et vides, sont une preuve frappante de cet axiome.

Le deuxième jour de mon arrivée au front, ma section fut chargée de prendre d'assaut la tranchée allemande placée devant le « Fer-à-Cheval ». Les masses de terre remuées chaque nuit par nos indésirables voisins faisaient craindre au commandant quelque traquenard : il fallait savoir ce qu'il y avait derrière ces taupinières.

Ni Thémistocle au matin de Salamine, ni Christophe Colomb partant pour la découverte d'un monde, ne gonflèrent leurs voiles et leurs cœurs d'espoirs comparables à mes espoirs, quand je sus que j'allais, pour la première fois, charger.

Ce fortin que nous allions prendre, c'était peut-être, c'était sans doute, c'était certainement (trois étapes du raisonnement que je franchis d'une enjambée) la clé de la région entière. Le passage forcé, nous allions nous précipiter à travers les lignes allemandes désemparées, les forces massées derrière nous n'ayant qu'à suivre. Qui sait?... Notre mouvement, si humble d'apparence, allait peut-être constituer l'annonce d'une marche en avant générale?... Et qui passerait le premier partout, et qui entraînerait tous ses camarades dans son irrésistible élan, et qui accomplirait tant d'exploits, et qui révélerait un tel génie militaire que son nom inconnu aujourd'hui, allait, dans quelques semaines, resplendir d'une gloire prodigieuse?

Qui, je vous le demande, sinon le modeste auteur de ces lignes?

O inconséquence! je me raille moi-même, je me trouve parfaitement ridicule, et dans cinq minutes, si l'occasion m'en est donnée, je recommencerai. L'habitude est prise maintenant et trop bien prise : il faut que je rêve les yeux ouverts.

Nous quittâmes les tranchées à la nuit noire pour aller nous poster dans un entonnoir naturel situé entre les deux lignes.

Le sergent-major envoya le caporal Thépin et un de ses hommes pour tracer un passage à travers les fils de fer ennemis.

— Je pense bien, leur dit-il, que vous me couperez au moins trois rangées : il faut ça, si nous voulons passer.

L'homme, Daviet, qui, par la suite, fut un de mes caporaux, et dont j'aurai à vous raconter la mort héroïque, m'a souvent fait le récit de cette patrouille :

— Nous partons, à plat ventre. Thépin marchait devant, en tâtant le bois mort avec ses mains pour l'écarter de notre route. Moi, je suivais avec les cisailles. Nous arrivons aux fils de fer. Je m'approche et je coupe la première rangée. Tout à coup, floc ! le fil correspondait avec un signal dans la tranchée boche. On aurait dit une grosse pierre tombant sur une casserole. Alors je dis à Thépin :

« — Mon vieux, faut se débiner ; l'éveil est donné et on va nous tirer dessus. »

Justement, ta ta ta, ra ta ta, voilà la pétarade. Les balles nous sifflent aux oreilles de tous les côtés. Heureusement qu'il faisait nuit noire et qu'on nous tirait au petit bonheur ! Vous croyez que Thépin s'émotionne ?

« — Passe-moi les cisailles, qu'il me dit ; j'ai mission de couper trois rangées de fils de fer : je couperai trois rangées. »

Il me prend les cisailles et il s'avance vers les fils.

« — Tu es fou, que je lui dis, tu vas te faire tuer. Reste si tu veux : moi, je fiche le camp. »

Alors, il se retourne et il me dit :

« — Si tu fiches le camp, je te f... deux jours de consigne ! »

Vous voyez ça d'ici, ce type, qui s'arrête de couper son fil, en pleine mitraille, pour me menacer de deux jours de consigne ! Il m'avait estomaqué, au point que je ne songeai plus à bouger et que j'attendis patiemment qu'il eût fini pour m'en aller avec lui !

— Si tu fiches le camp, je te f... deux jours! (p. 101).

La patrouille réussit à rentrer sans encombre, mais il ne fallait pas songer à passer de ce côté. Une seconde patrouille, envoyée sur l'autre flanc, fut éventée presque aussitôt et poursuivie par une mitrailleuse. L'alarme était donnée et, comme le coup ne pouvait réussir que par surprise, il ne restait plus qu'à le remettre à une autre fois.

Comme on le voit, cette première affaire ne fut qu'une tentative manquée, et je m'étais excité bien à tort : ni les dangers courus, ni les résultats obtenus ne justifiaient pareille débauche d'imagination.

Cet insuccès me navra, et, dans l'ardeur de

mon inexpérience, je jugeai très sévèrement les patrouilleurs qui n'avaient pas su demeurer inaperçus et le sergent-major qui n'avait pas ordonné la charge quand même !

J'ai vu, depuis, ce qu'est un réseau de fils de fer ; j'ai appris ce que c'est qu'une charge, et je bénis le sergent-major de sa sagesse. Une attaque de tranchée ne peut réussir que précédée d'un bombardement qui mette en pièces les ouvrages de défense et démoralise les défenseurs.

Si donc, parmi ceux de l'arrière, il en est qui s'impatientent de la longueur des opérations, qu'ils ne s'en prennent pas aux « Poilus ».

Donnez aux « Poilus » des canons et des munitions en quantité suffisante, et, en quelques semaines, ils vous auront débarrassés des Boches.

VI

TRANCHÉES D'OCTOBRE

Ceux qui visitent les tranchées actuelles, « dotées de tout le confort moderne », comme dit mon ordonnance, ne se doutent guère des conditions de notre vie au mois d'octobre.

Les tranchées, étroites et limitées, ne permettaient que deux positions : ou debout, ou assis les genoux serrés au corps.

Rien de fatigant comme de dormir assis, le corps plié en deux. Quand je me réveillais, plusieurs fois la nuit, mes genoux criaient de douleur, comme si j'avais fait une chute et, dans mes pieds, privés de la circulation normale, les veines charriaient de la glace au lieu de sang.

C'est au mois d'octobre et au commencement de novembre que j'éprouvai les plus grands froids de la campagne, avec les gelées blanches du petit jour et l'immobilité forcée. Plus tard, décembre venu, et les pluies, et la neige, et les avalanches, la lutte contre l'hiver se fit à armes égales, avec nos vêtements chauds et nos cheminées aux grandes bûches flambantes.

Mais le froid n'était que le moindre de nos ennemis. Mille privations, mille ennuis se liguaient pour rendre pénible notre séjour.

Je puis parler ainsi d'autant plus librement que privations et ennuis ont disparu, maintenant, devant l'expérience acquise.

Pas de tabac : le paquet distribué chaque dix jours fondait en quarante-huit heures, au feu de notre désœuvrement. Les feuilles sèches et les tiges de viorne ne constituaient qu'un palliatif bien maigre à cette disette. Plus encore que le tabac manquaient les pipes et le papier à cigarettes ; nous roulions nos cigarettes dans des morceaux de journal.

Rien à boire. Pas de vin : on ne peut appeler du vin le demi-quart d'eau rougie que distribuait, chaque matin, le caporal d'ordinaire. Pas d'eau : celle que nous apportaient les cuisiniers, dans un bidon parcimonieux, était de l'eau de mare, pleine d'impuretés, au goût de vase.

Corollaire logique : je dus rester quinze jours sans connaître la douceur d'une goutte d'eau sur mon visage, et, si je pus me laver les mains, un matin, ce fut parce qu'il pleuvait, avec l'eau recueillie sur ma couverture caoutchoutée.

Pas de journaux : nous ne communiquions avec l'extérieur que par l'intermédiaire des cuisiniers.

Si vous désirez connaître le supplice raffiné baptisé « supplice des émotions en bascule », je vous donnerai l'adresse de quelques-uns de nos cuisiniers d'alors, de ces malfaiteurs publics qui, un jour, précipitaient nos armées victorieuses jusque sur les rives du Rhin et qui, le lendemain, faisaient flamber Paris sous les 420 des Boches !

Le froid, le grand air, le manque de sommeil, avaient développé chez moi un de ces appétits dévorants qu'on ne connaît qu'à certaines époques de croissance précipitée. Ma boule fondait en un repas, comme une boule de gomme, et j'en étais réduit, pour tromper ma faim, à mâchonner les racines que le terrassement mettait à nu dans la tranchée.

Il y a une de ces racines que je vous recommande chaudement pour les époques de disette ; elle est presque entièrement comestible, et sa saveur, comparable à celle de l'*assa fœtida*, procure de telles nausées que tout appétit disparaît pour un bon demi-jour.

Me croira-t-on? Ces privations mêmes, et ce froid, et ces fatigues, contribuaient à me rendre sympathique le séjour à la Louvière, en me fournissant le réconfort de la difficulté vaincue. Je sentais mon corps s'endurcir, je voyais, l'une après l'autre, mes habitudes de civilisé s'élimer et partir en lambeaux ; ma volonté, cabrée d'abord et renâclante, je la tenais domptée.

Aucune boisson rafraîchissante au cœur d'un jour d'été, aucun vieux vin de nos vieilles vignes après un repas de grande chère, ne délecta jamais aussi délicieusement ma gorge que la soif qui me brûlait les entrailles certaine après-midi. Et si je trouvais à redire à la faim c'était de n'être pas assez forte pour mériter l'apitoiement des générations futures !

Très aimablement, les Boches faisaient de leur mieux pour nous distraire et nous empêcher de broyer du noir.

Une nuit, une section voisine de la mienne vit arriver dans sa tranchée un capitaine d'état-major qui, après avoir demandé le chef de section, lui dit de faire sortir immédiatement ses hommes et de les mener à un petit ouvrage abandonné, non loin de là, pour les mettre à l'abri. La raison donnée? Un bombardement qui allait se produire.

La nuit était noire ; les hommes n'en finissaient pas de prendre leurs musettes et leurs bidons. Le capitaine bouillait d'impatience.

Enfin tout le monde fut prêt, et les premiers hommes commençaient à sortir, quand le chef de section, se précipitant à leur tête, leur fit faire demi-tour.

Étonnement général. Pourquoi ce contre-ordre?..

Mais l'étonnement devint de la stupéfaction quand on vit le capitaine prendre ses jambes à son cou et disparaître dans l'ombre, dans la direction des tranchées allemandes.

Si l'attention du chef de section n'avait pas été attirée par les manières insolites du capitaine, et si celui-ci, dans son impatience, n'avait pas laissé échapper un juron en allemand, la section tombait dans un traquenard.

Le capitaine d'état-major était un Boche déguisé!

Eclairés par cet épisode, nous décidâmes, l'autre sergent et moi, de nous partager la nuit avec les deux caporaux, de façon qu'il y eût toujours un gradé de veille auprès des hommes de garde.

C'est le service de quart tel que, maintenant, il existe.

Bizarrerie de la nature ! Alors qu'il sortait de ma seule initiative, ce service était, pour moi, un plaisir ; ce n'est plus maintenant qu'un devoir.

Les conversations, entre les heures de garde, ne roulaient que sur un seul sujet : la campagne de Lorraine.

Je la connais, cette campagne, comme si je l'avais moi-même vécue, tant j'en ai entendu raconter de fois les moindres incidents.

Avec Roger, avec Daviet, avec Thépin, j'ai abattu le poteau-frontière, j'ai envahi la Lorraine annexée en faisant, plusieurs jours de suite, des étapes de 60 kilomètres. Je suis entré dans Sarrebourg illuminé, pavoisé, décoré, tout résonnant de cloches, tout vibrant de : « Vive la France ! »

Le capitaine d'état-major était un Boche déguisé... (p. 108).

Les femmes saccageaient leurs jardins pour joncher nos pieds de fleurs, et, ouvrant les portes de leurs maisons, elles nous disaient :

— Entrez, et emportez ce qui vous fera plaisir : tout est à vous !

J'ai eu la joie de flanquer mon soulier dans le visage d'un Guillaume en plâtre qui ornait le mess des sous-officiers à la caserne, et j'ai plongé, avec quelle volupté sanglante, ma baïonnette dans le dos d'un espion que j'avais surpris, dans une cave, en train de téléphoner à l'ennemi l'emplacement de notre état-major. Quand il fallut quitter la ville, quand les Lorrains amis, craignant les représailles, se cachèrent, laissant le champ libre aux immigrés qui, de toutes les fenêtres et de tous les soupiraux, tiraient sur nous, nous ne voulûmes pas donner aux Boches le spectacle d'une retraite française, et nous nous éloignâmes, l'arme sur l'épaule, la tête haute, en chantant à pleins poumons *la Marche lorraine*, pour narguer nos vainqueurs éphémères.

Et ce fut Mattexé, avec l'épopée du drapeau, tout le régiment se ruant à la mort pour sauver le glorieux emblème blessé de mille blessures.

Puis Xivray, où, durant un long jour et une longue nuit, le deuxième bataillon, le nôtre, reçut des obus par milliers, sans bouger d'une semelle, tant de milliers et de milliers d'obus que les champs d'alentour ressemblaient aux eaux d'un lac battues par la tempête.

Tout le régiment se ruant à la mort... (p. 110).

Je m'exaltais à ces récits, j'enviais les jeunes hommes, les enfants qui avaient été les héros de cette épopée. On connaîtra plus tard les merveilles de cette campagne de Lorraine, on appréciera ses conséquences et, peut-être, ne trouvera-t-on pas exagérées ces paroles que j'ai souvent entendues sur les lèvres de « Poilus » du VIIIe corps :

— La bataille de la Marne, c'est nous qui l'avons gagnée à Sarrebourg !...

Notre seule distraction, aux tranchées de La Louvière, était de tirer sur les Boches, non à l'aveuglette, comme maintenant, par les bouches d'ombre des créneaux, mais au grand jour, sur du gibier vivant.

Nous restions là, des heures, le doigt à la gâchette, guettant sur le visage de la forêt quelque contraction insolite. Nous savions que, de leur côté, les Boches ne nous épargneraient pas : toute imprudence nous valait une balle aux oreilles.

La pensée de la mort, toujours présente, donnait à chacune de nos actions une saveur amère qui n'était pas sans charmes.

VII

LE SERGENT ROGER

La deuxième section, la mienne, ne prenait jamais la faction en un bloc. Les tranchées, trop petites, ne pouvaient abriter chacune qu'une demi-section. Le sergent-major, secondé par deux sergents, restait avec la première demi-section ; le sergent Roger et moi, nous partagions l'autorité dans la deuxième.

Le mot « partagions » est inexact. En droit, le commandement appartenait à Roger, qui, étant de la classe 1912 et, par conséquent, de l'active, avait le pas, à grade égal, sur les réservistes, et, à plus forte raison, sur un territorial.

Mon orgueil se fût, sans doute, révolté de se voir commandé par un enfant, si Roger n'avait mis tant de tact dans la façon de donner ses ordres. Et puis, il se parait du prestige de ses débuts de campagne avec les noms éclatants de Sarrebourg, Mattexé, Saint-Piermont. Les actes de bravoure que j'appris de lui achevèrent de me le rendre sympathique, et son sang-froid, pendant les bombardements, m'inspira à son égard une vénération quasi religieuse.

Roger, que je place si haut dans mon admiration, n'était, avant la guerre, qu'un petit cultivateur berrichon, qui vivait auprès de sa mère, demeurée veuve, dans une locature de quelques hectares. Rien ne l'avait préparé au rôle de héros, rien, sinon l'application parfaite à ses petits devoirs. Elles sont de lui, ces paroles :

— Je ne savais pas, avant la guerre, que j'étais patriote. Pour moi, il est aussi naturel de tuer des Boches que de labourer mon champ : les deux opérations n'en font qu'une.

Paroles profondes et qui sortent des entrailles de la pensée.

Les caporaux ne le cédaient en rien à leur sergent. C'est l'un d'eux, Clemenceau, qui me disait :

— Quand on m'envoie en patrouille, je ne rentre

jamais sans le renseignement que je suis chargé de rapporter. Je vais où il faut, et je fais ce qu'il faut pour cela. Les hommes que j'emmène trouvent parfois que j'exagère ; mais, comme je marche toujours le premier, loin devant eux, et que la première balle serait pour moi, si nous étions surpris, ils ne peuvent faire autrement que de me suivre.

L'autre caporal, Boursin, un gros bébé joufflu et hilare, n'avait pas sur ses hommes l'autorité de Clemenceau, froid, calme, pondéré, maître de lui en toutes circonstances, mais il le valait par la bravoure.

— Je veux bien, disait-il, qu'on me coupe, après la guerre, les deux bras et les deux jambes, mais je refuse d'être blessé avant la fin de la campagne. Je ne veux pas rater une occasion de tuer des Boches.

Malgré son « refus », il fut blessé, pourtant, tout comme Roger, et Clemenceau nous quitta également pour retourner à son atelier du Creusot, où il était dessinateur.

Qu'on ne s'étonne pas trop si presque tous ceux dont j'ai l'occasion de parler, sont tués ou blessés dans mes récits. Je parle d'eux parce qu'ils étaient particulièrement braves ; étant particulièrement braves, ils se sont trouvés particulièrement exposés.

L'axiome : « Ce sont toujours les mêmes qui se font tuer » n'a rien perdu de sa justesse.

J'ai parlé du calme de Roger sous les obus.

Toutes les après-midi, les Boches nous régalaient d'un concert d'artillerie. Chaque tranchée française, soigneusement repérée malgré les futaies, recevait une quinzaine de projectiles. La distribution allait d'une tranchée à l'autre, sans autre règle que le hasard, de sorte qu'on ne savait jamais si le coup, dont on entendait le départ, rendrait visite aux voisins ou à soi-même.

Roger, dès les premiers coups de canon, faisait coucher ses hommes avec le havresac sur la tête, à cause des éclats. Mais lui continuait d'écrire, s'il était en train d'écrire, ou de fumer, s'il avait la pipe à la bouche. Jamais il ne se couchait, jamais il ne consentait à baisser la tête, même quand les éclats ou les shrapnels volaient aux alentours.

Si parfois, moi aussi, j'ai pu donner à mes hommes, plus tard, l'exemple d'un courage qui ne m'était pas naturel, si j'ai pu leur apprendre à défier la mitraille, je le dois à Roger. Quand je sentais mon cœur se décrocher dans ma poitrine, quand j'étais tenté de me terrer dans quelque trou en fermant les yeux et en me bouchant les oreilles pour ne rien voir ni entendre, je n'avais qu'à me rappeler les étroites tranchées de la Louvière, et Roger fumant sa pipe en souriant aux marmites, pour rougir aussitôt de moi et reprendre possession de mon calme.

Il nous a quittés, peu après mon arrivée, blessé aux combats de novembre, et il se bat, maintenant, sur un nouveau front. Il ne se doute pas, le petit paysan taciturne, que sa pensée demeure vivante parmi nous, et que sa pensée nous réconforte aux heures d'angoisse.

Voilà bien l'illustration frappante de la responsabilité humaine. Pas un de nos actes, et parmi les plus indifférents, qui n'ait sa répercussion illimitée, quasi infinie, et qui ne contribue, pour sa part, à l'élévation ou à l'abaissement de l'âme de nos frères.

Il y a, dans cette pensée, de quoi trembler, mais aussi de quoi sourire.

VIII

PREMIÈRE PATROUILLE

J'ai dit les lacunes du système des tranchées au mois d'octobre, aussi bien chez nous que chez les Allemands. Aussi, très souvent, à dessein ou non, les patrouilles de l'un ou l'autre camp franchissaient-elles la ligne adverse. Il n'était pas rare qu'une sentinelle française, en faction face à l'ennemi, vît, en se retournant à quelque bruit insolite, des casques à pointe derrière elle. Et, de même, il ne se passait pour ainsi dire pas de jour sans que quelqu'un des nôtres, s'égarant dans le dédale des sentiers de la forêt, ne se vît arrêté par le fossé d'une tranchée remplie d'ennemis.

Des cuisiniers boches, se trompant de route, apportèrent un jour leur soupe dans une de nos tranchées. Les nôtres accueillirent avec empressement les cuisiniers ahuris, mais ils se gardèrent bien de toucher à leur ratatouille.

Même aventure advint à l'un de nos cuistots, qui portait à son escouade le café du matin. Demeuré en arrière de ses camarades, il avait tourné à droite au lieu de tourner à gauche, et était tombé en plein sur un nid de casques à pointe.

Stupéfaction des Boches, stupéfaction du cuistot. Mais, d'intelligence plus rapide, celui-ci saisit la situation en une seconde. Prenant sa marmite par le fond, il en lança le contenu au visage des Boches les plus rapprochés de lui, et, pendant que ceux-ci hurlaient de douleur au contact du liquide brûlant, le cuistot faisait demi-tour et disparaissait au grand galop derrière les arbres.

— Avec ma marmite ! avait-il soin d'ajouter fièrement, quand il racontait l'aventure.

Autre anecdote dans le même genre :

Un jour, une nuit plutôt, les infirmiers au poste de secours de Ronval jouaient à la manille, quand la porte de leur cagna s'ouvrit. Ils n'y prirent pas garde, tout à leur partie, et il fallut, pour attirer leur attention, qu'une voix inconnue s'élevât :

— Eh bien ! quoi, on ne dit pas bonjour aux amis?

Regards levés. Stupeur : un Boche était devant eux, la main tendue !

L'homme expliqua qu'il en avait assez de se battre, qu'il était garçon de café, à Paris, avant la guerre, qu'il avait beaucoup d'amis en France, et que ça l'embêtait de tirer sur des camarades.

A la question :

— Mais comment êtes-vous arrivé jusqu'ici?

Il répondit :

— Comment?... Je suis sorti de ma tranchée et je suis venu, les mains dans mes poches.

— Et vous n'avez rencontré personne?

— Si, un de vos brancardiers qui m'a demandé du feu. J'ai allumé mon briquet. Il a allumé sa cigarette, il m'a serré la main et il est parti en me disant bonsoir. Il faisait tellement noir qu'il n'a pas vu à qui il avait affaire.

Or, le poste de Ronval se trouve à deux kilomètres au moins de notre première ligne !

— Eh bien, quoi ?... On ne dit pas bonjour aux amis !... (p. 118).

Connaissant ces particularités, vous ne vous étonnerez pas de la grimace que je fis quand, une nuit, le sergent-major, mon chef de section, me fit appeler et me dit :

— Le capitaine vous charge d'aller, dès le soleil levé, en patrouille au sommet de l'ouvrage du 134.

Tout neuf arrivé, je n'avais pu reconnaître encore le terrain avec la jumelle, de sorte que j'allais partir un peu à l'aventure.

Ce fut cette raison que je donnai au sergent-major pour expliquer ma grimace. Entre nous, bien franchement, j'avais peur.

Pour monter à l'ouvrage du 134, il fallait passer par un chemin séparé de la tranchée allemande par un simple rideau d'arbustes.

Qu'un seul Boche se trouvât à l'affût derrière un arbre, et il descendait la patrouille en quatre coups, sans nous laisser le temps d'une riposte.

Je partis avec mes trois hommes.

Me souvenant des paroles du caporal Clemenceau : « En patrouille, je vais toujours devant », et pour ne pas me montrer inférieur à ceux à qui, dans ma vanité naïve, je m'étais flatté de venir prêcher d'exemple, je marchais le premier, suivi à dix pas de l'un de mes hommes, et à vingt pas des deux autres.

Lecteur fervent, en ma jeunesse, de Gustave Aimard et de Fenimore Cooper, j'appliquais avec soin les préceptes du « parfait Peau-Rouge », rampant comme un ver, retenant mon haleine, évitant de froisser même un brin d'herbe, de remuer même une feuille, de heurter même un caillou.

Je ne doutais nullement de la stupéfaction de mes hommes, à voir leur vieux sergent si souple ; mais comme, pour accroître leur admiration, je me glissais, telle une couleuvre, à travers un feuillage qu'il eût été bien plus simple de contourner, je

J'appliquais avec soin les préceptes du « parfait Peau-Rouge » !... (p. 120).

heurtai du genou une vieille gamelle abandonnée, laquelle, roulant sur la pente, alla buter contre une pierre en faisant un bruit épouvantable !

Nous étions justement au plus près de la tranchée ennemie. Fort heureusement, l'attention des Boches ne se portait pas de notre côté, à ce moment, sans quoi, le parfait Peau-Rouge et sa troupe eussent passé un mauvais quart d'heure, et, après un moment d'émotion, nous continuâmes notre marche.

En haut de la colline où se trouvait l'ouvrage du 134, je fis cacher mes hommes, pour surveiller la tranchée que nous avions laissée derrière nous, et je m'avançai seul, sur l'autre versant, à travers le taillis, jusqu'à ce que j'aperçusse quelques détails de cette *terra incognita*.

Cette partie de l'exploration n'était pas dans le programme, mais j'avais honte de ma peur, et je sentais le besoin de me réhabiliter à mes propres yeux.

En revenant, je changeai de route et je passai par le fond du ravin qui séparait nos positions des positions ennemies. Il y avait là deux cadavres de Boches à la putréfaction commençante. J'éprouvai, à contempler les deux morts malodorants, la véracité de la parole célèbre :

— Le cadavre d'un ennemi sent toujours bon.

Le capitaine se montra ravi du résultat de la patrouille et, en témoignage de satisfaction, il me fit porter, par le sergent-major, des félicitations et un paquet de tabac.

Ce fut ma première citation et l'une de celles qui me causèrent le plus de plaisir.

IX

LA VISITE

Vers quelle époque ai-je, pour la première fois, assisté à une visite sur le front?... Je me rappelle seulement qu'il faisait un pâle soleil d'automne, un pauvre soleil languissant, qui semblait, lui aussi, réclamer les soins du major.

L'infirmerie? Une hutte de quatre mètres de long sur trois mètres de large et deux mètres de haut. Pour porte, une claie ; pour table, une planche sur deux tonneaux ; pour armoire aux médicaments, une vieille caisse d'épicerie avec des rayons.

C'est ici que, chaque matin, se présentent malades de la veille et blessés de la nuit, — blessés légers s'entend ; les autres sont transportés, au fur et à mesure, par les brancardiers, dans des ambulances automobiles.

Le major? Un petit homme sec, nerveux, original, jovial dès qu'il pleut ou qu'il neige, maussade et bourru pour le moindre rayon de soleil. Chef de clinique dans un hôpital de grande ville, il connaît son métier et n'aime pas qu'on lui raconte des histoires. Malheur aux tire-au-flanc, aux candidats embusqués, aux fricoteurs !

Car des fricoteurs, il y en a dans les tranchées, vous n'en doutez pas, je pense, et même les plus braves ne sont pas fâchés d'aller, à l'occasion, reposer leur flemme pendant deux ou trois jours.

Les soldats connaissent l'humeur du fantasque major et, à voir les regards consternés qu'ils jettent sur le soleil, il me prend une folle envie de rire.

— Qu'est-ce que tu as, toi?

L'interrogé prend une mine funèbre et, d'une voix dolente, une voix cassée de centenaire, qui s'entend à peine :

— M'sieur le major, je ne sais pas ce que j'ai...

— Si tu ne le sais pas, retourne l'apprendre aux tranchées. Tu reviendras me le dire. Et toi?

— Moi, c'est l'estomac qui me fait mal, là. (Le soldat désigne son bas-ventre). Quand je mange trop, ça me brûle !

— Eh bien ! mon gaillard, tu n'as qu'à ne pas tant te bourrer la panse. Et si tu reviens me raconter ça une autre fois, je te fiche dans l'étang, là, en bas, tu m'entends ! Allez, ouste, aux tranchées ! Et toi?...

Les exécutions se poursuivent impitoyables. Ne croyez pas, cependant, le major dénué d'humanité. On le voit bien au regard apitoyé qu'il jette sur un homme qui lui présente sa main, dont un ricochet a tailladé deux doigts d'affreuse sorte. Il panse lui-même le blessé avec une minutie touchante ; puis, la voix redevenue cassante, et le front sévère :

— A un autre !

De temps en temps, l'examen du malade se prolonge. Le major tâte le pouls, ausculte, interroge, puis l'habituel : « Aux tranchées ! » est remplacé par : « Aux éclopés ! » ou : « A l'hôpital ! »

Les regards des autres malades s'allument de convoitise jalouse et leurs lèvres remuent un mot, toujours le même : « Veinard ! »

Veinard, qui, dans une charge, a attrapé une entorse ! Veinard, celui dont le pied gelé n'est plus qu'un boudin violacé ! Veinard, le bronchiteux ! Veinard, même, le typhique !

Ils vont s'en aller se reposer douillettement pendant quinze jours, trois semaines, un mois dans un lit, alors que les autres, les infortunés tire-au-flanc, affligés d'une santé qui s'obstine, demeureront dans les tranchées, les pieds dans la boue, sans réussir à se doter du plus petit rhume !

Je vous en fais juge : est-ce juste?

Mais d'où vient que, brusquement, s'éclaire le visage de ceux qui n'ont pas encore « passé la visite? » C'est que, ô bonheur, une brume, soudain levée du sol, dilue le bleu du ciel et voile le soleil. Le vent souffle du nord-ouest : c'est la bonne pluie en perspective.

Et le major rajeunit à vue d'œil. Et la dureté de son regard se fond dans un sourire.

Il y a, maintenant, des « exempts de service », variété jusqu'ici inconnue, et des « consultations motivées », qui éviteront aux bénéficiaires la réprimande du capitaine.

Pas trop de confiance, cependant !...

— Et toi, mon pauvre vieux?

Le « pauvre vieux », encouragé par ces douces paroles, explique qu'il est fatigué, ah ! mais, bien fatigué.

— Ah ! mon pauvre vieux, tu es bien fatigué?

— Oh ! oui, m'sieur le major.

— Il te faudrait un peu de repos, pas vrai? Combien? Deux jours? Quatre jours? Huit jours?

L'homme jubile. Le masque de souffrance qu'il s'est mis sur le visage tombe et sa bonne grosse figure de paysan retors s'épanouit d'aise.

— Oh ! m'sieur le major, ça sera comme vous voudrez.

— Comme je voudrai ? Eh bien ! mon ami, va te reposer aux tranchées !

Ahurissement du « malade ». Sourire sarcastique du major.

Cependant les premières gouttes de pluie commencent à tomber. Le major est radieux. Il faut qu'il épanche l'allégresse dont son âme déborde. Il me pose sa main sur l'épaule :

— Ah ! sergent, on en voit de tous les calibres, ici. Hier, un malade prétend avoir la fièvre. Je lui tends un thermomètre et je lui dis :

— Fourre-toi ça dans l'anus.

L'homme prend l'instrument, le tourne, le retourne...

— Eh bien ! quoi, qu'est-ce que tu attends ? Fourre-toi ça dans l'anus, qu'on voie ta température !

— L'anus ? qu'il me fait, candide. On m'en a point donné au magasin !

Et cet autre encore, de même acabit :

Il vient, un jour, à la visite, avec la *fieuve*, prétend-il. Or, le thermomètre ne marque pas de fièvre du tout. Je l'attrape, comme de juste. Il insiste :

— Je vous assure, j'ai la *fieuve !*

Comme j'avais du temps à perdre, ce jour-là, je lui explique le mécanisme du thermo. Il comprend et son visage s'éclaire :

— Comme ça, me dit-il, pus que ça monte, pus qu'on est malade?

— C'est cela même.

Le lendemain, il revient :

— Encore toi ! Qu'est-ce que tu as?

— J'ai la *fieuve* !

Hum ! Je lui fais donner un thermo et, sans en avoir l'air, du coin de l'œil, je le surveille.

Qu'est-ce que je vois? L'animal qui s'écarte, allume des allumettes et chauffe le thermo ! Il regarde le mercure, sourit, puis, venant vers moi, avec cet air de moribond que prennent tous les malades :

— Voilà, m'sieur le major !

Je regarde à mon tour : le thermo marquait le maximum : 42 degrés ! »...

Une brusque volte-face.

— Et toi, qui me regardes comme si j'étais un phénomène, qu'est-ce que tu as?

L'homme fait signe qu'il ne peut pas parler. Il montre de son doigt sa bouche ouverte, et ce qui sort de sa gorge n'est qu'un grognement inarticulé.

— Ah ! ah ! extinction de voix? Voyons un peu ça.

Le major enfonce le manche d'une cuiller dans la bouche du malade, examine :

— Oui, évidemment, tu ne peux pas retourner aux tranchées avec ça !

De la tête, le pauvre muet approuve cette sage sentence, et il sourit, d'un douloureux sourire — ah ! si douloureux ! — qui veut dire :

— Aux tranchées ! avec une gorge pareille ! ce serait la mort pour moi dans les vingt-quatre heures...

Quand, brusquement :

— Ah ! là là ! que vous m'avez fait mal !

Qui parle ainsi, d'une voix irritée et tout à fait distincte?

Mais le malade lui-même, l'homme à l'extinction de voix, le pauvre aphone !

— Vous l'entendez ! clame le terrible major. Il ne pouvait pas parler, et le voilà qui gueule comme une baleine parce que je l'ai pincé au bras ! Ah ! mon gaillard, que je t'y reprenne à vouloir me monter le « job ! » Allez ! ouste ! aux tranchées ! aux tranchées !

La visite est terminée, et, comme le vent souffle

avec fureur et que la pluie fait rage, le major, incapable de demeurer en place, tant sa joie le transporte, sort brusquement de la cahute et, tête nue, sous l'averse, s'en va faire un tour de promenade à travers la forêt.

TROISIÈME PARTIE

PREMIERS COMBATS

I

LA FRATERNITÉ DES ARMES

Après trois semaines passées à La Louvière, nous changeâmes de secteur sans, pour cela, nous éloigner des premières lignes.

Je fus logé, avec trois autres sergents de la compagnie, dans une étroite cagna située un peu en retrait de nos tranchées. L'espace nous était mesuré et nous ne pûmes tenir que par la parfaite utilisation du moindre centimètre carré. Mais quelle fraternité dans ce petit coin !

A la guerre, l'intimité est vite nouée ; des amitiés s'établissent qu'il faudrait des années pour cimenter en des circonstances ordinaires.

Pourquoi l'amitié fleurit-elle aux jardins de la jeunesse et pourquoi est-elle si rare aux champs de l'âge mûr? C'est que les jeunes gens ont une âme neuve, simple, sans apprêt, sur laquelle l'aimant de la sympathie agit naturellement et sans effort. Mais quelle sympathie assez forte pour percer les couches successives de rouille, de poussière, de boue, de vernis, de peinture, accumulées par l'âge sur les âmes usagées?

La plupart de nos imperfections et de nos vices, — et pourquoi cette restriction? — toutes nos imperfections et tous nos vices proviennent d'un défaut d'intelligence, j'entends de l'intelligence véritable, celle qui sourd non des lobes cérébraux, mais du cœur. Mal conseillés par notre orgueil, nous nous laissons aveugler par les apparences et nous allons chercher des fruits sur les chardons, des fleurs parmi les granits roses et des sources vives au milieu des glaces du pôle.

Mais, à la guerre, ah! qu'elles comptent pour peu de chose les satisfactions de l'amour-propre, et comme, suspendus nuit et jour entre la vie et la mort, nous nous persuadons aisément de l'instabilité de la fortune et de la vanité de nos vieilles vanités!

L'âme redevient naturelle et vraie comme aux premières années, et, purifiée au feu de l'épreuve, débarrassée des tartres et des scories, elle reprend en partie la fraîcheur et la grâce qu'elle avait en sortant des mains du Créateur.

Regardez les soldats qui viennent d'échapper à quelque grand péril ou qui vont, tout à l'heure, se jeter dans la fournaise. Comment ne pas se sentir attiré vers ceux dont les yeux vous disent, non pas : « Je suis conseiller municipal », ou bien : « Ce complet que je porte, il sort de chez Un Tel ! », ou encore : « J'ai dix mille francs de rente », mais simplement :

— Ami, je suis autant que toi, faible, petit, misérable ; ne veux-tu pas enrichir ta pauvreté de mon indigence et renforcer ta faiblesse de ma débilité ?...

J'avais trois compagnons de chambre, ai-je dit : Roger, Mouché et Desnues.

Roger, vous le connaissez déjà de vue.

Desnues, brave garçon, au caractère jovial, avait pour mission de tenir au beau fixe le baromètre de notre gaieté, et d'augmenter l'ordinaire de notre popote avec les délicieux fromages de chèvre qu'il recevait du Berry chaque semaine.

Quant à Mouché, surnommé par ses camarades l'homme le plus brave du corps d'armée, il se paraît en plus de sa bravoure, d'une douceur et d'une modestie délicieuses, virginales, devrais-je dire, s'il ne s'agissait pas d'un hirsute poilu.

Quand on lui demandait pourquoi il avait été cité à l'ordre de l'armée, il répondait :

— Parce qu'il fallait une citation à la compagnie.

Et si on voulait savoir dans quelles circonstances il avait contribué à sauver le drapeau du régiment, il se récusait :

— Ce n'est pas moi plus que tous les autres qui étaient là.

Nos loisirs de la journée s'employaient à alimenter le poêle que nous avions réussi à nous procurer au prix d'efforts homériques. Bien que le froid commençât à sévir, le ravitaillement de l'armée en combustible ne s'effectuait pas encore de façon régulière. Seuls, les officiers et l'adjudant recevaient chacun un sac de charbon par jour. Le problème se posait donc de la façon suivante : prélever sur la part des favorisés de la fortune la part des pauvres diables que nous étions, nous quatre.

Desnues opérait chez l'adjudant. Tout en amusant celui-ci de quelque histoire plaisante, il remplissait en cachette un petit sac au gros sac sur lequel il était assis. Roger « travaillait » soit au poste de secours, soit au magasin du corps. Ma victime, à moi, était le capitaine.

Je me révélai prestidigitateur expert et je vois toujours la mine ahurie de l'aumônier en visite dans notre cagna, un jour que, revenant d'une expédition, je sortais de mes poches, pêle-mêle, mon mouchoir, du chocolat, des morceaux de coke, mon porte-monnaie, ma blague et des morceaux de charbon de bois !

Je prie qu'on remarque l'habileté et l'astuce tout à fait extraordinaires qu'il me fallait pour dérouter l'attention du capitaine et de ses ordonnances ; mais, ce tribut payé à mes qualités de pickpocket, je dois, bien qu'il m'en coûte, formuler un aveu : c'est que le capitaine n'était pas dupe ! Il s'amusait, au contraire, de mes manèges et il en riait dans sa barbe devant moi pour en rire aux éclats, moi parti...

Quelle désillusion, quand on m'apprit ces détails, quelques mois plus tard !

Le soir, la bougie allumée, confortablement assis sur la paille, les pieds au feu, nous devisions. De la guerre, il n'était que peu question. Nous parlions surtout du pays, de ce Berry auquel nous appartenions tous les quatre, et qui nous devenait plus cher à mesure que s'éclairait et se fortifiait notre amour pour la grande patrie.

Nous chantions les chansons patoises : *la Charibiaude*, *la Bargère aux champs*, et, pour terminer, presque toujours, mes compagnons me demandaient de parler de mes voyages, eux presque aussi contents de m'entendre raconter mes souvenirs que moi de les revivre.

Je disais le Portugal pittoresque et multicolore, écharpe d'Orient nouée aux flancs de l'Espagne ; l'Espagne accueillante et grave, ennemie de la fantaisie, où, dans la même journée, je fus, le matin, reçu comme un ministre et, le soir, conduit au poste entre deux alguazils ; la Corse hospitalière, patrie des sangliers, où, pour mon coup d'essai, je fis un coup de maître et faillis jeter bas, de la même balle, deux gibiers de choix : mon voisin de chasse et moi ; la Belgique amie, parcourue en des jours inoubliables, au-dessus de laquelle plane un visage adoré qui me sourit par delà la mort.

Et la Suisse, et un petit coin de l'Allemagne, et un petit coin de l'Italie...

Ah ! que ne puis-je, à cette liste ridiculement étriquée, ajouter tous les pays du monde, et sera-t-il comblé jamais l'ardent désir de voir qui jette mon âme vagabonde aux quatre coins de la terre ?

Un silence religieux enchâssait mes paroles. Dehors, les balles volaient, les canons grondaient ; des corps à corps, chaque nuit, jetaient les uns contre les autres des hommes, à quelques pas de nous. Parfois, déchirant les ténèbres et la pluie, un grand cri, hurlement d'agonie ou chant de victoire, parvenait jusqu'à nos oreilles. Mais que nous importait, à nous, qu'il y eût la guerre en Europe !

La magie de mes paroles nous avait emportés jusqu'au monde merveilleux du rêve, et l'attention de mes auditeurs stimulant mon génie, je me dépassais et me surpassais moi-même, tour à tour profond et tendre, ému et railleur, pathétique et spirituel. Parfois, m'arrachant à l'enlizement des souvenirs et fixant mes yeux sur les yeux de mes voisins pour jouir de leurs larmes ou de leurs sourires, je m'apercevais qu'ils dormaient... Je me hâtais alors de détourner la tête, afin de me tromper moi-même, et une toux opportune permettait à mes auditeurs de se réveiller et de dispenser à mes récits un juste tribut de louanges.

Un soir, on nous prévint que, le lendemain, la compagnie donnerait l'assaut d'une tranchée au Bois-Brûlé. Nous fîmes aussitôt, tous les quatre, notre testament, ceux qui succomberaient dans l'attaque laissant aux autres les provisions de leurs musettes et les réserves de leurs havresacs.

Le lendemain, Mouché et Roger étaient blessés, et Desnues tombait dans une embuscade.

La foudre avait passé, frappant l'arbre à la tête et dispersant les feuilles. Et, maintenant, Roger, guéri, se bat dans le Nord, Mouché est instructeur, Desnues languit dans un camp d'Allemagne. Et je reste seul à tisonner mes cendres.

II

LA FORCE DE L'EXEMPLE

La tranchée qu'il s'agissait de prendre était de grande importance stratégique. Après plusieurs assauts infructueux tentés la veille, l'ordre était venu au commandant Blavet, qui dirigeait l'attaque : « Emparez-vous de cette tranchée, coûte que coûte. N'y épargnez aucun effort. »

Ce fut alors que le commandant Blavet désigna ma compagnie pour un nouvel assaut ; mais craignant, sans doute, que les échecs de nos camarades ne nous eussent découragés, il résolut de se mettre à notre tête :

— Mes enfants, nous dit-il, je vais marcher le premier. Je compte que vous me suivrez partout.

De toutes nos bouches, une exclamation indignée. Comment pouvait-il nous poser une question pareille ! Nous connaissions sa bravoure, son habileté, son sang-froid. Les plus anciens de nous l'avaient vu à l'œuvre, à Sarrebourg : une charge avec lui serait une partie de plaisir.

Par suite d'événements trop longs à raconter et dont la fatalité seule est responsable, un peloton s'égara pendant la marche d'approche ; il ne restait plus, au commandant que les deux premières sections.

Quand il se rendit compte de la situation, l'anxiété se lut sur son visage. Que faire ? Remettre l'attaque ? Mais le grand jour allait paraître et l'ordre était formel :

— Prendre la tranchée, coûte que coûte.

Je le vis fermer les yeux quelques secondes et remuer les lèvres ; puis, tourné vers nous, le visage grave, les yeux souriants :

— Mes enfants, allons-y !

Il partit le premier, le revolver à la main, suivi du lieutenant Jeunet derrière lequel marchaient les hommes de la première section, en colonne par un.

En même temps, partait la deuxième section, le sergent-major Dia en tête et moi derrière lui.

Les deux colonnes suivaient chacune un layon différent à travers la forêt, hors de la vue l'une de l'autre. La neige, tombée une partie de la nuit, couvrait le sol d'une couche de sept ou huit centimètres.

Les ordres reçus portaient que nous devions nous approcher le plus près possible de la tranchée, puis nous coucher pour attendre le coup de sifflet, signal de la charge.

Il partit le premier, revolver à la main (p. 139).

Nous avançons, à plat ventre, à travers les balles. Les Allemands tirent au jugé, sans nous voir, à cause de la brume. De temps en temps, un cri : c'est un camarade qui tombe.

Quelle distance nous sépare de la tranchée ennemie ? Très courte, sans aucun doute, car nous entendons distinctement parler les Boches.

Nous nous étendons derrière un gros chêne, Dia· à gauche et moi à droite, les hommes derrière, et nous attendons...

De temps en temps, je tourne la tête : de la section, il ne reste qu'une douzaine d'hommes, mais ce sont vraiment des « hommes », vétérans de l'épopée de Sarrebourg, vétérans dont le plus vieux n'a pas dépassé la vingt-cinquième année.

Si j'avais besoin de réconfort, je le puiserais aux visages épanouis du caporal Hatton et du soldat Gauthier.

Mais non ; je suis extraordinairement calme. Que puis-je craindre? N'avons-nous pas avec nous notre commandant? Un chef de bataillon, pour nos deux sections toutes seules, quelle aubaine ! Avec lui, rien de fâcheux ne peut nous advenir.

Ces sentiments sont en nous, inexprimés mais véritables. Qui dira la force de l'exemple. la puissance d'une volonté qui se substitue aux volontés environnantes, chêne qui tend son tronc robuste aux plantes grimpantes des alentours?

La présence du lieutenant Jeunet, également nous rassure. Le lieutenant Jeunet est réserviste, mais par son énergie, par son autorité naturelle, par son extraordinaire aptitude aux travaux de campagne, il donne l'impression d'être de l'active.

Nous connaissons sa bravoure. Nous savons que parti en tête de ses hommes, il ne cédera sa place à personne tant qu'il demeurera debout...

Cependant les minutes passent. Nous sommes toujours à plat ventre dans la neige et le signal attendu ne se fait pas entendre. La brume se dissipe quelque peu, la tranchée ennemie est plus près que nous ne le croyions encore, 6 mètres, pas davantage ; nous percevons tous ses bruits comme si nous étions ses hôtes.

Un seul sentiment en moi : l'impatience de bondir et de faire connaître à ma baïonnette le goût du sang. Oubliées, mes terreurs de la veille à l'annonce de l'attaque, alors que je me voyais, râlant sur des fils barbelés, criant ma douleur et ma soif ! J'ai épuisé en imagination toutes les horreurs de l'attaque et je n'en garde plus que l'ivresse.

Si, cependant, une inquiétude, mais tellement burlesque, étant données les circonstances, qu'en la formulant, je ne puis m'empêcher de sourire : à rester si longtemps couché dans la neige, ne vais-je pas attraper des rhumatismes !

Le sergent-major, près de moi, plaisante. Il me pose des devinettes, chantonne, sculpte dans la neige des bonhommes grotesques, puis, ne pouvant tenir en place, il abandonne l'abri du chêne et va se poster au milieu du layon, en plein terrain découvert.

— Vous comprenez, m'a-t-il dit, ici, les arbres nous empêchent de tirer, et il faut que j'en démolisse un pour passer le temps.

Heureusement pour lui, la tranchée, toute nouvelle, n'a pas de créneaux encore et, pour tirer sur lui, les Boches doivent passer la tête par-dessus le talus. Mais Dia a l'œil vif et son fusil est toujours le premier à partir.

Je regarde à ma montre : une heure que nous sommes là ! J'appelle le sergent-major :

— Chef ! chef ! il doit se passer des choses bizarres derrière nous ; voulez-vous que j'aille aux nouvelles ?

Dia ne m'entend pas.

Je répète ma question, deux fois, trois fois...

Mais, je t'en fiche ! Il est bien trop occupé à son passionnant jeu de massacre. Il tire, tire, indifférent aux balles qui, de temps en temps, le frôlent, excité, joyeux, débordant, comme un grand enfant qu'il est ; et, tout en tirant, il se parle à lui-même :

— Tiens, ce gros-là, tu le vois ? Ah ! mon colon !.. Pan !... je crois qu'il en a dans l'œil.

Il recharge :

— Ah ! là, là ! ce gosse ! C'est toi qui voudrais

m'avoir ? Va donc te faire... pan !... moucher par ta mère !

Je le regarde admiratif et quelque peu ahuri. C'est la première fois que je vois un soldat français sous le feu, et ce spectacle, ainsi qu'il m'arrive

Il est bien trop occupé à son jeu de massacre... (p. 143).

chaque fois qu'un sentiment violent me secoue, me donne à la fois envie de pleurer et de rire.

— Chef ! voyons, écoutez-moi. Chef ! chef !

— Ah ! c'est vous, Péricard ? Venez donc auprès de moi essayer votre chance. C'est amusant tout plein, et... pan !... à tous les coups l'on gagne.

Les soldats l'écoutent et rient ! En vérité, se croirait-on à quelques mètres des Boches, si loin des nôtres? Que l'ennemi sorte de la tranchée et nous sommes perdus.

Mais le chef plaisante et tous les hommes s'épanouissent. Aucun danger ne menace et tout est pour le mieux du monde puisque le chef s'amuse comme à une « assemblée » du pays.

Toujours la force de l'exemple !

Cependant l'aiguille de ma montre fait un demi-tour encore. Nous ne pouvons pas rester ainsi. Partir en avant, sans coup de sifflet, et charger seuls la tranchée? Ce serait folie !

Je m'adresse de nouveau à Dia, la voix pressante, et j'obtiens enfin la permission d'aller voir en arrière ce qui se passe.

III

PREMIÈRE BLESSURE

Ce n'est pas sans peine que je réussis à m'arracher de mon alvéole de neige, et plusieurs guêpes méchantes me bourdonnent aux oreilles, avant que je puisse m'enfoncer dans le fourré, hors de l'atteinte des balles.

Brusquement, une plainte arrête ma rampée :

— Sergent Péricard ! Sergent Péricard !

Je tourne la tête : la voix est celle du petit B..., couché en travers du boyau.

— Sergent Péricard, venez me panser ; j'ai le bras cassé et la jambe aussi : je ne puis pas bouger !

J'achève à peine de me remettre de l'émotion de cet appel qu'une seconde voix s'élève :

— Et moi aussi, sergent Péricard, je suis blessé : j'ai une balle dans le ventre ; venez me chercher !

O mes pauvres soldats ! mes pauvres petits ! comme leurs plaintes me font mal !

Je leur crie de patienter, que je ne puis pas m'arrêter maintenant, mais que je vais revenir, bientôt, dans quelques minutes...

Ils ne veulent rien entendre et leurs appels continuent, plus pressants et plus lamentables à mesure que je m'éloigne.

— Sergent Péricard ! Sergent Péricard ! ne nous abandonnez pas !

Un moment, la tentation me vient de me précipiter à leur secours. Mais, la mission qui m'est confiée ?...

Je continue ma route et j'arrive à la clairière d'où sont parties nos deux colonnes. Une cabane de bûcheron couverte en terre se tasse dans un coin.

Entre elle et moi, une dizaine de corps inertes. Il y a donc eu combat ici, par derrière nous, et nous ne nous sommes doutés de rien !

Je m'approche de la cabane. De l'un de ceux qui sont couchés, une voix étouffée :

— Sergent, sergent, couchez-vous !

— Me coucher? et pourquoi donc?

— Couchez-vous ! couchez-vous ! ou vous êtes mort !

Tellement impérieuse la voix, que, machinalement, j'obéis.

A peine me suis-je laissé choir que, d'un fourré situé à quelque dix pas, un coup part qui m'est certainement destiné. La balle touche le sol un demi-mètre avant d'arriver à moi, laboure la terre et s'arrête juste à mon œil droit, après avoir traversé la paupière.

Je regarde le sang couler et faire, sur la terre, une large tache. Je ne doute pas que j'aie l'œil crevé. Cependant, pour m'en assurer, je ferme l'œil gauche : ô joie ! j'y vois encore ! Il s'en est fallu d'une ligne que la catastrophe n'arrivât.

J'interroge à voix murmurée mon voisin, celui qui m'a sauvé la vie par son avertissement. J'apprends que le commandant Blavet a été tué, que tous ceux qui l'accompagnaient sont tués ou blessés.

Je comprends, maintenant, pourquoi nous attendions en vain le signal !

Les Boches ont fait une contre-offensive ; ils occupent le front entier de la forêt face à nos lignes, et ce sont eux qui viennent de tirer sur moi.

Quel parti prendre?

Si j'essaie de me lever, les Boches qui, à quelques pas de là, guettent et qui croient m'avoir tué par leur coup à bout portant, tireront sur moi de nouveau et ne me manqueront pas, cette fois. Je vais donc rester tranquille à attendre les événements : la prudence et la sagesse me le conseillent...

Mais les autres, là-bas, qui attendent et qui, si je ne vais les prévenir, se feront surprendre?...

Un court combat intérieur, puis, le sentiment du devoir l'emporte.

Oh ! je n'écris pas ceci pour quêter des louanges. Je dois rougir, au contraire, de ces hésitations qui montrent combien est superficiel mon courage.

Je dis à mon voisin de ne pas remuer quoi que je fasse. J'attends quelques minutes pour détourner de moi l'attention des Boches ; puis, me ramassant sur moi-même, je fais deux prodigieux sauts de carpe qui me jettent (je ne me serais pas cru capable de semblable prouesse) l'un, de l'autre côté de mon voisin ; l'autre, par derrière la cabane.

J'ai, maintenant, la cabane entre les Boches et moi : je suis sauvé.

Un blessé de ma section est là, couché, perdant son sang en abondance. Je le panse rapidement, puis, prenant son fusil pour remplacer le mien laissé devant la cabane, me voilà parti à la recherche des camarades. Je m'égare à travers le fourré et j'arrive en vue de la tranchée ennemie. Là, une fusillade m'accueille. Je rebrousse chemin, reviens à la cabane, repars... et je m'égare encore !

Enfin, je rencontre Gauthier, un de mes hommes, de tous ces braves le plus brave peut-être, puis le caporal Hatton et deux autres hommes encore.

Ils m'apprennent que le sergent-major, ne me voyant pas revenir, a battu en retraite. Hatton et Gauthier ont essayé de ramasser les blessés ; mais il eût fallu des brancards et ils ont dû se contenter de panser leurs camarades.

Dia et le reste de la section ont disparu.

Un à un, nous nous défilons dans le bois. Gauthier est tué et nous arrivons quatre à notre tranchée, quatre : tout ce qui reste d'une demi-compagnie.

Les camarades me font un accueil qui me touche. J'ai été vu avec mon visage couvert de sang et on me croyait mort. Je demande des détails. Le commandant a bien été tué. Dia, blessé, a été fait prisonnier par une patrouille boche. Blessé également et prisonnier le lieutenant Jeunet. Blessés, Mouché et Roger.

L'attaque a échoué, mais l'honneur est sauf.

Si long que soit ce récit, il ne contient qu'une minime partie des péripéties de la journée. Je ne puis, cependant, passer sous silence la conduite du caporal Thépin, l'homme aux fils de fer et aux deux jours de consigne, — vous le rappelez-vous?

Comme j'étais derrière la cabane, en train de panser le blessé, je le vois arriver, debout, à l'autre extrémité de la clairière. Je lui montre les Boches tout près, et je lui fais signe de se baisser. Il ne m'écoute pas.

— Mais ils sont là ! lui dis-je.

Oh ! ce geste superbe d'indifférence !

J'appris par la suite que, cinq fois, il était parti en patrouille, volontairement, et qu'à chaque fois, il avait laissé ses hommes en arrière pour s'en aller seul à la découverte.

— Pourquoi ne vouliez-vous pas vous baisser? lui demandai-je.

Écoutez cette réponse :

— On m'avait chargé de savoir où se trouvaient les Boches. Il fallait bien que je reste debout pour qu'ils me tirent dessus et que je voie d'où partaient les balles !

Le caporal Thépin n'a pas la médaille militaire...

IV

GRANDEUR ET DÉCADENCE

Je ne sais si, dans le récit que je viens de faire, j'ai mis suffisamment en relief le calme vraiment extraordinaire avec lequel je me suis promené au milieu des balles et des embuscades.

(Qu'on me pardonne cette réflexion, qui est d'un fat accompli : la suite de mon récit va me présenter sous un tel jour que je sens le besoin de me chercher dès maintenant, des excuses.)

Calme extraordinaire, oh ! certes ! C'est ainsi qu'en rentrant dans nos lignes, j'entrepris, au lieu de prendre le layon d'accès, de sauter par-dessus les fils de fer du réseau de défense. Entreprise folle, alors que les Boches me suivaient à quelque 30 mètres dans le bois ! Le réseau était large, les mailles étaient serrées. Je m'empêtrais à chaque pas et tombai je ne sais combien de fois. Les balles bourdonnaient à mes oreilles ;

deux hommes, qui venaient derrière moi, furent tués.

Les camarades qui, de la tranchée, me regardaient venir, ouvraient des yeux terrifiés et me criaient de faire vite. Mais j'allais en « Père Tranquille », le sourire aux lèvres, m'amusant de leur frayeur et ravi de la prolonger.

Il y a eu dans mon sang-froid, ce jour-là, une part d'inconscience : c'était ma première affaire, et je ne me rendais pas très bien compte des dangers courus. Mais il y a eu surtout, je ne saurais trop le répéter, l'élan donné par la présence immédiate d'un chef en qui j'avais confiance, ce commandant Blavet qui, si héroïquement, se fit tuer à notre tête.

Je ne devais plus retrouver ce calme. Dans tous les combats auxquels, par la suite, j'ai pris part, il m'a fallu maîtriser ma frayeur à coups de volonté.

Cette angoisse nerveuse, cette peur de la mort, ce renâclement de la bête devant l'obstacle à sauter, ils furent particulièrement sensibles dans la journée du 26 novembre, et les jours qui suivirent. A cela, deux causes : l'extrême abattement causé par le manque de sommeil et, d'autre part, les fatigues de toutes sortes que venait renforcer la dépression de la défaite.

Je puis le dire, maintenant, cette fin de novembre

fut désastreuse pour nous. Malgré des succès partiels, nous ne pûmes venir à bout de la tâche entreprise, et, si les Allemands perdirent beaucoup de monde, nos pertes à nous furent égales aux leurs, supérieures peut-être.

J'ai d'autant moins de scrupules à faire cet aveu, qu'il s'agit là d'un fait exceptionnel, unique, peut-on dire, dans l'histoire de cette année de guerre. Avec leurs habitudes d'attaques par masses compactes, les Allemands ont toujours offert à nos coups des cibles merveilleuses et leurs victoires mêmes ont été payées d'un tel prix que, pour expliquer des prodigalités pareilles, il faut mettre en avant, en plus de l'inconscience développée par des théories tyranniques, la cécité que produit un orgueil sans bornes.

Après l'attaque du 25 au matin, la compagnie, ou mieux, ce qui reste de la compagnie, se rassemble dans notre tranchée, attendant l'ordre de tenter une nouvelle attaque.

Vers la fin de l'après-midi, un pâle soleil fait fondre la neige qui couvre les claies et les talus, et comme la tranchée se trouve en contre-bas, l'eau monte, monte, monte...

Bientôt, nous avons les chevilles noyées. En vain, plaçons-nous sous nos pieds des fascines, des rondins, des sacs à terre : l'eau garde le dernier mot.

Très tard, dans la soirée, les cuisiniers arrivent ; mais leurs pérégrinations à notre recherche, parmi le dédale des boyaux, ont demandé des heures ; les

Les cuisiniers arrivent... (p. 154).

boules de pain, détrempées par la pluie, ne forment plus dans les sacs qu'une affreuse bouillie gluante ; il faut nous contenter pour dîner, de la soupe froide sur laquelle la graisse forme des caillots, et d'un morceau de bouilli sans pain.

Je suis assis sur une fascine, le derrière et les pieds dans l'eau. Près de moi, l'adjudant Auger et le capitaine de La Source, qui a pris la place du commandant Blavet.

Ce que disent les agents de liaison, je l'entends ; des ordres donnés, aucun ne m'échappe.

Un exemple entre dix pour montrer à quelle épreuve sont soumis les nerfs de « ceux qui savent ».

Après plusieurs tentatives d'attaque, qui, toutes, ont échoué, le capitaine fait appeler le lieutenant et le sous-lieutenant de la ....e compagnie :

— Messieurs, vous allez prendre vos hommes et vous porter avec eux à hauteur du gros chêne. Là, vous leur ferez commencer une tranchée en se servant des outils portatifs qui sont sur leurs sacs.

Le gros chêne en question n'est pas à plus de 40 mètres de la tranchée occupée par les Allemands. Le feu de leurs mitrailleuses balaie le terrain sans arrêt. Comment avancer dans ces conditions en terrain découvert, et comment se maintenir à l'endroit indiqué pendant le temps nécessaire à la construction d'un ouvrage?...

— Mon capitaine, répond le lieutenant, je vous obéis. Vous savez, n'est-ce pas, que vous nous envoyez à une mort presque certaine?

— Je le sais ; mais cette manœuvre doit être tentée. Il le faut.

— Bien, mon capitaine !

Les deux lieutenants saluent, font un demi-tour réglementaire et s'enfoncent dans la nuit.

Les hommes marchaient en colonne par un... (p. 156).

Un quart d'heure après, un fourrier se présente :

— Mon capitaine, la compagnie a quitté ses abris pour exécuter l'ordre que vous lui avez donné. Les hommes marchaient en colonne par un. Les deux lieutenants étaient en tête. Une balle, probablement la même, les a tués tous les deux. L'adjudant qui a pris le commandement de la compagnie, a fait coucher ses hommes et demande ce qu'il doit faire (1).

Représentez-vous la scène : la nuit noire, la pluie qui tombe, le sous-officier au « garde à vous ! » débitant son rapport d'une voix que sa volonté maîtrise pour la rendre indifférente ; le capitaine, qui, du même choc, voit tomber un de ses derniers espoirs et disparaître deux de ses frères d'armes ; nous tous qui écoutons et qui, devant nos yeux, en un diptyque violemment heurté, contemplons les deux officiers, jeunes, ardents, pleins de vie, qui, l'ordre reçu, fixent leur chef de leurs yeux résolus : « Bien, mon capitaine ! », puis, les deux mêmes, étendus dans la forêt, côte à côte, inanimés, sanglants, ombres fondues dans l'ombre de la nuit...

On a beau se croire à l'abri de toute émotion vaine par la fréquentation quotidienne de la mort, on a beau s'imaginer son cœur entouré d'une cuirasse plus épaisse que le triple airain du poète et, disciples des légendes antiques, faire de son impassibilité un piédestal à son orgueil, il y a de ces oppositions tellement tragiques qu'elles forcent la volonté la plus rebelle et tirent des profondeurs de l'être des réserves insoupçonnées de larmes.

(1) J'ai appris par la suite que l'un des deux officiers, le lieutenant B..., avait été blessé grièvement et non pas tué. Après une longue convalescence il a pu reprendre sa place sur le front.

— Dites à votre adjudant, répond le capitaine au fourrier, qu'il regagne les abris avec sa compagnie.

Le capitaine de La Source se retourne vers ma compagnie, ou plutôt ce qu'il en reste.

Il y a un peloton qui s'est égaré dans la forêt, comme je l'ai dit, et qui n'a pu prendre part à l'attaque de la matinée : ce peloton se portera en avant à son tour.

J'attends un complément à cet ordre : ne va-t-on pas exempter de cette nouvelle attaque les quatre hommes dont je suis, qui se sont battus une grande partie du jour, qui ont passé des heures couchés dans la neige, dont les genoux sont écorchés à force de ramper, qui ont vu tomber à leurs côtés tous leurs camarades, dont l'épuisement atteint presque aux limites des forces humaines?...

Mais non ; de nous, personne ne parle.

L'attaque est fixée pour dix heures, puis à onze heures, puis à minuit... Cinq fois de suite, dans la nuit, l'ordre est reculé ; cinq fois, il me faut refaire ma provision de courage.

Aux fatigues physiques s'ajoutent, pour moi, les harcèlements du remords : je n'ai pas la conscience tranquille. Je pense aux hommes de ma section qui ont disparu. Ont-ils été tués? N'y a-t-il pas, parmi eux, des blessés qui attendent, couchés parmi la neige à demi fondue, dans l'angoisse de la nuit et de la souffrance, qu'on vienne les relever? Mon devoir est d'aller à la découverte ; moi seul connais le chemin à suivre.

Mais je suis las, mais je grelotte, mais la faim me tenaille. Si incommode que soit ma position, les pieds dans l'eau glacée, je n'ai pas la force de me relever, et les appels de mes hommes que je m'imagine entendre, je leur impose silence comme à des importuns.

Je crois en avoir fini avec mes remords ; hélas !

Vers dix heures, le capitaine demande des volontaires pour aller chercher le corps du commandant Blavet. Quatre jeunes soldats de la classe 1914 se présentent. Ils ne sont arrivés que de quelques jours.

De nouveau, ma conscience crie :

— Vas-tu laisser partir ces enfants sans chef, sans guide? Lève-toi ! Qu'attends-tu? Où sont tes belles résolutions d'octobre?

Ah ! oui, mes résolutions d'octobre, où sont-elles? La gloire, le devoir, la patrie, des mots! Je ne pense plus, je ne rêve plus qu'à trois choses : manger, me chauffer, dormir.

Quand les quatre volontaires s'enfoncent dans la nuit, je détourne la tête et, quand ils ont disparu, je respire avec force ; il est trop tard, maintenant ;

même si je le voulais, je ne pourrais plus les rejoindre.

Et, le danger passé, je pense, affreusement hypocrite, dans un désir violent de me mentir à moi-même, ce qui des mensonges est le pire :

— Je ne demandais pas mieux que de les accompagner. Pourquoi donc sont-ils partis si vite?...

V

UNE CHARGE

La nuit lamentable se traîne. La boue, maintenant, monte jusqu'à mi-jambe. Des dents claquent. La toux déchire les poitrines.

Minuit. L'attaque est définitivement fixée pour trois heures.

Encore trois fois soixante interminables, abominables minutes. Des hommes essaient de manger. On entend des couteaux qui s'ouvrent, qui se ferment. Des papiers sont froissés. Les mâchoires marchent, mais lentement, péniblement : « Ça ne passe pas. »

Ce n'est pas l'approche du combat qui nous déprime, mais ce froid pénétrant, mais cette neige fondue qui colle à nos semelles, entre dans nos souliers par tous les pores du cuir, imbibe nos

— Vivement, qu'on charge !... (p. 162).

chaussettes et glace nos pieds. Nos pieds sont des blocs de glace. Nos orteils refusent de remuer, puis nos chevilles. Encore un peu, et le froid qui monte aura gagné nos genoux...

Personne ne parle ; on n'en a pas la force. De temps à autre, seulement, quelques brèves exclamations jaillissent du fond de notre détresse :

— Vivement, qu'on charge !

— J'aimerais mieux une balle dans la peau !

Trois heures, enfin. Sous la claie qui abrite les officiers, des bruits de pas, des cliquetis de fourreaux, puis la voix du capitaine :

— Debout, mes enfants !

En un clin d'œil, nous sommes prêts.

Et nous voilà partis à travers les boyaux, le fusil serré dans la main droite, la main gauche au fourreau de la baïonnette, pour éviter le cliquetis.

Parfois, nous mettons le pied dans un « trou à grenouilles » et nous nous enfonçons dans l'eau jusqu'à mi-jambe. Mais que nous importe?

Nous sommes tellement heureux de ne plus piétiner sur place, de dégourdir nos jambes, de dégeler notre sang !

— Halte !

C'est là. C'est de la tranchée où nous voici arrivés que nous allons bondir.

Tranchée? Non ; à peine une rigole, tout ce qu'a pu faire la compagnie du lieutenant Daval en quelques heures de travail dans la nuit noire.

L'officier désigné pour diriger l'attaque de ce côté passe dans nos rangs :

— Mes amis, nous allons avoir l'honneur de charger. Je compte sur vous.

La charge ! mot magique, mot tellement français, qui, chez les « lettrés », évoque des noms glorieux : Bouvines, Marignan, Fontenoy, Valmy, Reichshoffen..., qui, chez les autres, remue des atavismes inconscients et des héroïsmes insoupçonnés.

Cependant les premières clartés de l'aube ont élargi l'horizon.

A notre droite, la ligne des assaillants se prolonge. Les officiers expliquent l'offensive :

— La tranchée que nous allons prendre se trouve là, dans la direction de ce gros chêne, à quelque cent mètres de nous. Entre elle et nous, ce fourré que vous voyez, fourré absolument impénétrable, sauf par quatre sentiers à peine tracés...

L'ordre vient. Sans bruit, nous nous glissons hors de la tranchée. Nous voici dans le fourré, et, aussitôt, pour imiter ceux qui nous précèdent et afin de rester le plus longtemps possible hors de vue, nous nous jetons à plat ventre...

A plat ventre ! Tout comme la veille ! Mon imagination fait la moue : cette charge dont je rêvais, c'était cela !

Une vingtaine de mètres sont parcourus sans encombre ; puis, soudain, de la tranchée adverse, part une fusillade infernale.

Les balles sifflent au-dessus de nos têtes, à droite, à gauche ; elles s'enfoncent dans les troncs d'arbres avec un claquement sec, elles coupent les branchettes.

Un moment d'hésitation, quelques secondes d'arrêt, et nous repartons.

Derrière moi, un cri d'épouvante, aigu et prolongé comme le hurlement d'un chien qui aboie à la lune. Le cœur se serre un peu à la pensée du camarade qui vient d'être frappé. Pensée brève. Le moment est venu où chacun ne doit songer qu'à soi-même.

Voici, en effet, que le caporal qui marche juste devant moi vient de s'arrêter, raide, sans un soupir : une balle lui a traversé le crâne. En rampant près de lui, j'aperçois l'affreuse blessure et, vite, je détourne les yeux.

— Bzz ! Bzz ! Bzz ! font les balles...

Je rampe toujours, et les cris se multiplient !...

Le layon s'est rétréci. Il faut, maintenant, pour

avancer, passer par-dessus les masses inertes des cadavres et les corps pantelants des blessés. La neige s'est changée en une boue noirâtre, striée de rouge. Les mains sont pleines de sang, de sang qui poisse.

O Fontenoy ! O Valmy !...

O Fontenoy ! O Valmy !... (p. 165).

Ici, au milieu de ses camarades, à 50 mètres de l'ennemi, on se sent seul, tout seul, plus seul que dans un désert. Nulle aide à attendre de qui que ce soit, nul réconfort. Il faut tirer de sa propre substance le sang-froid qui s'oppose à la folie menaçante, la ténacité qui garde aux yeux le but à atteindre, le courage qui réchauffe les veines prises de glace et qui fouaille les nerfs en révolte.

On rampe toujours, et toujours les balles pétaradent et les morts se font de plus en plus nombreux.

On se dit :

— Pourrai-je aller sain et sauf jusqu'à cette souche?

— Bzz! Bzz! Bzz! jettent, en passant, les balles.

On pense :

— Où serai-je dans une seconde?

Enfin le bois est traversé.

Dans le groupe auquel j'appartiens, pas un seul homme de ma compagnie. Nous arrivons six au dernier trou d'obus, à sept ou huit pas à peine de la tranchée boche. Nous nous tassons là dedans, face à l'ennemi. Par-dessus nos têtes, les balles de mitrailleuses tissent leur réseau meurtrier.

Que faire? Reculer, c'est la mort presque assurée; avancer nous offre une chance. Que nous prenions notre élément de tranchée et les camarades accourront à notre secours...

Nous nous consultons du regard : mieux vaut mourir face en avant.

Nous nous ramassons, le fusil à la main, et sur un signe de l'un de nous, nous nous levons...

Avant même d'avoir fait un pas, quatre de nous tombent.

Il ne reste plus avec moi qu'un homme, un bleu certainement, classe 14 ou engagé volontaire, enfant maigriot dont les yeux ardents luisent derrière les lunettes. Nous nous regardons ; impossible de parler dans le tumulte de la fusillade. Je fais un geste découragé : rien à faire.

Mais lui, l'enfant, n'est pas de mon avis, et le geste superbe avec lequel il désigne la tranchée signifie clairement : « Allons-y ! »

Oh ! le brave petit, qu'est-il devenu? Je ne l'ai jamais revu, bien que j'aie anxieusement épié son visage au défilé de tous les régiments qui sont passés devant moi, depuis.

Je fais « non » de la tête et je me laisse choir à terre de nouveau.

Mes fatigues, un moment secouées dans l'exaltation de l'assaut, me retombent d'un coup sur les épaules, accrues de tous les efforts nouveaux que je viens de faire, et de toute l'horreur des spectacles contemplés, et de toute la désillusion par ce nouvel insuccès accumulée.

Je demeure quelques instants dans mon trou d'obus. J'ai besoin de me remettre de mes émotions violentes et de recueillir des forces nouvelles pour parcourir en sens inverse le chemin sanglant.

Mais je ne puis m'éterniser là. Voyant l'attaque avortée, les Boches peuvent sortir et me faire prisonnier : cela, non, à aucun prix.

Je me glisse hors du trou et je reprends ma rampée de tout à l'heure.

L'infernale averse des balles ne s'est pas ralentie. J'attends, de seconde en seconde, celle qui doit me frapper.

— Ce sera avant cet arbuste-là...

L'arbuste dépassé :

— Ce sera entre ces deux cadavres...

Puis, mes préoccupations changent d'objet. Ce que je cherche à prévoir, c'est l'endroit du corps où la balle meurtrière me frappera.

Sera-ce à la nuque, comme ce caporal, qui rit de toutes ses dents ouvertes? Ou au front, comme cet adjudant? Ou au cœur, comme ce soldat?...

Petit à petit, j'avance, cependant. Me voici à la lisière de la forêt. Là je m'arrête, épuisé. Je ne pourrai pas aller plus loin, je le sens. Je ferme les yeux, souhaitant presque qu'une balle vienne mettre fin à mes tortures.

Notre tranchée n'est pourtant pas loin : une dizaine de mètres. Si j'essayais?... Je me raidis, je retombe ; je me raidis encore, et je réussis enfin à atteindre la tranchée, après des efforts tels qu'il me semble à chaque instant que je vais mourir. Je me traîne par-dessus le talus et je me laisse tomber de tout mon long, la face contre terre, les yeux fermés, n'ayant plus qu'une pensée, qu'un besoin, qu'un désir : dormir, dormir, dormir jusqu'à la fin du monde.

VI

LE LIEUTENANT DAVAL

Je souffle à peine depuis un quart d'heure qu'une voix m'appelle.

— Péricard !

Je lève la tête : c'est le lieutenant Daval, un des rares officiers qui sont revenus indemnes de la charge. Il a pris le commandement des survivants et il s'occupe d'amalgamer les éléments hétéroclites que la débandade lui amène de tous côtés.

— Péricard, me dit-il, vous êtes le plus ancien sergent ; je vous confie le soin d'organiser cette partie de la tranchée.

Il tombe bien ! Moi qui n'ai pas même la force de tenir mes yeux ouverts !

Je n'ose, cependant, rien dire. Je sais que le

lieutenant Daval, sergent-major à la mobilisation, a gagné ses grades en quelques mois, qu'il a été cité à l'ordre de l'armée, qu'il est proposé pour la croix. Je ne veux pas lui donner de moi une opinion mauvaise.

Je m'adresse aux soldats qui m'entourent et qui, tous, me sont inconnus :

— Allons, les gars, on va travailler un peu : ça nous réchauffera.

Cette invitation ne soulève aucun enthousiasme. La lassitude est générale.

Pour donner l'exemple, je prends un pic qui traîne et je frappe un coup... Oh ! là, là ! Il me semble que mes bras se décrochent et que mes os se désemboîtent. Il me faut cinq bonnes minutes pour me remettre.

Nouveau coup de pic, nouveau martyre.

Je lutte ainsi contre ma fatigue et mon épuisement, mi-dormant, mi-éveillé, la bouche amère, le cœur vide, avec une envie de pleurer comme un petit enfant.

De temps en temps, j'encourage les hommes d'une voix qui s'efforce :

— Du courage, allons, du courage !

Mais je doute que mon bredouillement leur parvienne.

Le travail n'avance guère. La tranchée est si peu profonde, qu'il faut piocher à genoux, de peur des balles.

Je devrais me lever, longer le rang des travailleurs, marquer à chacun sa tâche... La peur des balles me retient, cette peur nerveuse que m'a laissée la fusillade de tout à l'heure.

J'évite de regarder le lieutenant Daval. De temps en temps, celui-ci quitte le talus derrière lequel il est assis, et il se promène derrière nous, à pas tranquilles, les mains derrière le dos, le corps en entier découvert ! Les broussailles le cachent aux vues de l'ennemi mais non aux balles ainsi qu'il a l'air de se l'imaginer !

Les cuisiniers arrivent. Je n'ai pas faim. Personne n'a faim. La soupe est froide et il n'y a qu'une bonne soupe chaude qui nous ferait plaisir.

Je regarde l'heure : deux heures de l'après-midi ? Je croyais qu'il était à peine huit heures du matin !

Soudain, un éclatement qui me fait tressaillir. D'où vient ce bruit ? Et cette colonne de fumée noire ?...

Un voisin me renseigne : c'est une bombe ! Et je frissonne.

Je sais que les Boches se servent de bombes à

main ; mais je n'ai jamais encore été soumis au feu de ces projectiles. J'ignore que les bombes et les grenades, terribles dans une attaque, dans un corps à corps, sont quasi inutiles dans une lutte de tranchée à tranchée : on les voit venir, on a le temps de se garer.

Pour moi, le mot de bombe s'associe aux noms de Ravachol, d'Henry, et autres anarchistes. La guerre actuelle m'apparaît hideuse.

Voici quatre bombes, coup sur coup, mais lancées trop court. Comme nous attendons, le travail interrompu, l'œil aux aguets, un obus éclate derrière nous, bien reconnaissable, c'est le 75 qui vient à notre secours, mais qui, nous croyant, sans doute, beaucoup plus en arrière, tire en plein sur l'ouvrage où nous sommes en train de nous retrancher.

Le lieutenant Daval se précipite au téléphone, à 200 mètres de là. Avant qu'il ait pu communiquer avec l'artillerie, deux autres 75 tombent, nous couvrant de débris de toutes sortes. Personne n'est atteint. Par quel miracle !

Cette fois, c'en est trop. Ces épreuves successives sont au-dessus de mes forces. Il faut que je m'en aille.

Je vais trouver le lieutenant Daval, mais je

n'ose formuler ma demande. A le voir si calme, si pareil à lui-même, si indifférent aux balles et aux obus, j'ai honte de moi.

Nous causons, nous parlons de l'attaque, de ce qui a été fait, de ce qu'il eût fallu faire peut-être.

— En tout cas, conclut-il, les Boches ne passeront pas. Si nous n'avons pu aller chez eux, ils n'entreront pas chez nous tant que je serai là !

Cette énergie achève de me démonter. Je pense que le lieutenant a, tout comme moi, passé la nuit dehors, sous la pluie ; que, ce matin, il a, par quatre fois, entraîné sa compagnie à l'assaut. Cependant, il ne songe pas à s'en aller, lui, bien au contraire !

Je me lève ; je vais regagner mon poste. Mes jambes flageolent, ma cervelle est douloureuse. Tant pis !...

Mais, juste à ce moment, une bombe éclate en face de l'endroit que je viens de quitter.

Cela me décide.

— Mon lieutenant, dis-je, j'ai été blessé, hier, à l'œil et je ne me suis pas fait panser encore. Voulez-vous m'autoriser à aller au poste de secours?

La permission obtenue, je m'éloigne. Ma conscience crie et me reproche ma lâcheté. Je suis fatigué? Mais les autres le sont autant que moi. Ma blessure? Un prétexte... Elle peut bien attendre. D'ailleurs n'ai-je pas sur moi tout ce qu'il faut pour la panser?

Je fais la sourde oreille et je marche à grands pas.

Je côtoie la cabane tragique près de laquelle j'ai failli être tué hier. Où est ma vaillance d'alors ?

Tout en marchant, je forge le discours qui va apitoyer le major et le décider à m'évacuer sur un hôpital : douleurs internes, picotements à l'œil, anémie cérébrale... Mensonges que tout cela. Mais qu'importe le mensonge, si je puis m'échapper d'ici et être renvoyé à l'arrière, loin de la fusillade, loin des bombes, loin des tranchées, loin de l'enfer !...

J'arrive au poste de secours. Le major lave ma plaie, me panse. Il n'épargne pas les bandes, et je suis naïvement heureux de me sentir ainsi ficelé.

Voici le pansement terminé. Le major va prononcer son arrêt :

— Maintenant, fait-il...

— Maintenant, dis-je précipitamment, en lui coupant la parole, maintenant je retourne aux tranchées avec les camarades !

A ce revirement subit, ne vous hâtez pas d'applaudir, ou de pleurer d'enthousiasme. Oh ! non, je vous en supplie, ne pleurez pas d'enthousiasme. Car, tout à l'heure, quand vous allez savoir...

Quand vous allez savoir !...

Mon Dieu, je n'ai pas plus le droit de me calomnier moi-même que de calomnier quiconque, et qu'il y ait dans ma détermination une once de désintéressement et une parcelle de courage, cela n'est pas impossible. Et il n'est pas impossible non plus que l'exemple du lieutenant Daval soit venu agir à mon insu dans les profondeurs de ma conscience.

Mais ce qu'il y a d'abord, ce qu'il y a surtout, le voici :

Sur mon chemin, tout à l'heure, j'ai rencontré un régiment de réserve, faisceaux formés, qui attend dans le bois l'ordre d'aller remplacer ceux qui sont tombés. Les hommes, vetus d'un long repos à l'arrière, sont propres et luisants comme des soldats de plomb d'étalage, et le contraste était frappant entre leur tenue de parade et la mienne : gaine de boue allant des souliers aux cheveux, pantalon que mes rampées trouèrent aux genoux, capote écorchée par les ronces.

Et, soudain, — que l'aveu est donc pénible ! — soudain, en tâtant des deux mains le pansement qui ne laisse à nu qu'une partie de mon visage, j'ai pensé qu'il serait glorieux, qu'il serait superbe, de traverser à nouveau, sale et loqueteux, le beau régiment si propre, et d'entendre de l'un à l'autre les chuchotements admiratifs :

— Oh ! dis donc, dis donc, regarde ce blessé qui a la moitié de la tête enlevée et qui retourne se battre !

VII

LE LIEUTENANT PORTEFAIX

Si j'ai insisté sur le récit de cette affaire, c'est que ce fut une de nos rares défaites, et que nos défaites doivent être connues aussi bien que nos victoires : plus que les victoires, elles demandent aux soldats les vertus de leur état, et c'est une situation atroce, je vous assure, que de se battre, que de braver la mort avec cette pensée lancinante comme le tic-tac d'une pendule pendant une fièvre :

— Tout cela ne sert à rien, rien, rien... Si je meurs, ma mort sera inutile... Je suis un vaincu, un vaincu, un vaincu...

Se doute-t-on de la fermeté qu'il fallut aux « Poilus » pour tenir, pendant cet hiver terrible, dans leurs luttes sans fin, qui consistaient à reprendre un jour ce qu'ils avaient perdu la veille et *vice versa?* Ne leur mesure-t-on pas trop chichement la reconnaissance?

Vous vous récriez. Vous protestez de la vivacité de vos sentiments à l'égard de vos défenseurs.

Soit ; mais, alors, écoutez cette histoire qu'on vient de me dire et qui me fait grincer des dents de colère, moi l'homme le plus pacifique du monde.

Un groupe de permissionnaires rencontre au café, dans une grande ville, non loin de Lyon, un groupe de secrétaires et d'automobilistes. La conversation s'engage, conversation que l'on devine entre des « Poilus », au front depuis le début, et des gens qui font œuvre utile, certes, nécessaire je n'en disconviens nullement, mais qui, tout de même, ne courent aucun danger.

Et voici ce qu'à bout d'arguments, les sédentaires servirent aux combattants :

— Pour ce que vous y faites, aux tranchées !

Que les permissionnaires aient manqué de diplomatie dans leurs paroles et qu'ils aient sorti à tort l'injure d' « embusqués », je le crois sans peine ; mais je fais appel au bon sens des secrétaires et des automobilistes : ne pouvaient-ils endurer patiemment ce coup d'épingle de la part de ceux qui ont donné pour le salut commun tant de coups de baïonnette?...

De grâce, qu'on n'entende plus de ces paroles impies !

Pendant les jours qui suivirent les attaques de cette fin de novembre, nous fûmes chargés d'occuper les tranchées du Bois-Brûlé, face aux ouvrages que nous avions en vain essayé de prendre.

Si, par les efforts plus grands que m'avaient imposés les circonstances, j'étais particulièrement déprimé, les hommes ne montraient pas un extérieur beaucoup plus reluisant que le mien.

Le soldat français n'est pas un soldat de déroute, — sans doute, par manque d'habitude, — et, plus que les fatigues, pesaient à nos épaules l'humiliation de la défaite et le sentiment de notre impuissance. Nous nous en voulions de n'avoir pas réussi ; mais nous nous sentions parfaitement incapables d'un nouvel effort immédiat. Tout notre être haletait vers un long repos à l'arrière.

Ce repos, nous l'estimions dû, après les deux journées de bataille, après le long séjour ininterrompu aux tranchées de première ligne, et notre désillusion ajoutait à notre lassitude.

Quelques plaintes se murmuraient d'une oreille

à l'autre, les seules que j'ai entendues de la campagne, et moi-même, moi qui m'étais imposé pour tâche d'être pour mes camarades, partout, en toutes circonstances, quoi qu'il pût advenir, le sourire qui réconforte et la parole qui encourage, je montrais un visage fermé, une bouche cousue, et, dans mes lettres à mes parents, à mes amis, je ne savais plus écrire que ces quelques mots, toujours les mêmes : « Je suis bien fatigué ».

En quelques heures, mes cheveux étaient de grisonnants devenus tout blancs...

Comme aucune épreuve ne devait nous être épargnée, notre capitaine fut blessé. Je ne crois pas l'avoir nommé encore : c'était le capitaine B...

Les événements l'avaient affecté autant que nous, plus que nous peut-être. Il avait pleuré à chaudes larmes en voyant l'hécatombe de ses hommes et, témoin de notre épuisement, il souffrait de son impuissance à nous venir en aide.

La balle qui l'atteignit au milieu de nous le frappa dans le bras, alors que, venus d'une tranchée de deuxième ligne, nous suivions le boyau.

Après avoir passé le commandement de la compagnie à l'adjudant Augé, — il ne restait plus d'officier valide, — il monta sur le talus et s'éloigna, la tête baissée, le front barré, sans nous dire adieu, sans nous faire même un geste de la main !

Comme nous tous, il avait atteint l'extrême limite de ses forces.

Ce court trajet à travers la forêt, comme il est demeuré présent à ma mémoire! Chaque arbre, chaque buisson, évoquait un souvenir des combats précédents. Bien que la ligne ennemie demeurât assoupie, j'entendais les balles siffler et gronder les obus.

Et je sentais l'odeur de la Mort.

La Mort a une odeur. Même quand les cadavres du combat ont été enterrés, même quand toute trace de la lutte a disparu, il flotte sur le champ de bataille une odeur caractéristique qui fait dire aux passants : « On s'est battu par là ».

Est-ce la nature qui peine à reprendre son calme et tremble encore d'épouvante ? La sève s'est-elle aigrie dans les veines des arbres ? Les herbes se sont-elles évanouies d'horreur ?

Ou les cadavres conservent-ils, longtemps après la mort, une vie végétative ? Exhalent-ils à travers la mince couche de terre qui les recouvre, les dernières vibrations de leurs nerfs et la dernière chaleur de leur sang ?...

Parvenus à la tranchée, je mis mes hommes en place et je m'établis sur mon sac, dans un coin que protégeait une claie posée du parapet au parados : c'était, à ce moment-là, les seuls abris que nous eussions contre les intempéries.

Je venais à peine de m'asseoir qu'un grand corps étroit se découpa dans l'obscurité commençante et une voix :

— Le monsieur qui est devant moi est qui?

— Le sergent Péricard, mon..., mon...

Je cherche à voir sur la manche le nombre de galons...

— Je ne m'appelle pas Monmon, je m'appelle le lieutenant Portefaix. Et, quand on est poli, on dit, en s'adressant à moi : « Mon lieutenant ! »

Puis, sans interruption :

— Le sergent Péricard ignore peut-être que j'ai été choisi pour remplacer le capitaine B... à la tête de la compagnie? Connaissant ces particularités, le sergent Péricard voudrait-il me faire le plaisir — ou l'honneur, à son choix, — de me céder mon poste de commandement?

Je le regarde, étonné. Quel poste de commandement?

— Le sergent Péricard ne m'a pas l'air d'avoir

l'intelligence bien éveillée. Que faisiez-vous dans le civil?

— Journaliste, mon lieutenant.

— Journaliste? Hum ! (Ce hum ! apitoyé, signifie clairement : Pauvre garçon !) Eh bien ! mon poste de commandement, je l'établis ici même, sous cette claie. Avez-vous compris, maintenant?

J'enlève mon sac et je m'éloigne. Je devrais me formaliser de ces singulières façons d'agir. Mais non. Je sais qu'à une originalité incontestable, le lieutenant Portefaix unit une non moins incontestable bravoure, une bravoure folle, invraisemblable, épique.

A l'attaque du 26 novembre, il se précipite — c'est le mot — sur l'élément de tranchée qu'il doit prendre. Tous ses hommes tombent derrière lui ; mais il ne s'arrête pas pour si peu. Il arrive aux ouvrages ennemis. Entre les deux pare-éclats qui barrent la tranchée, des Boches sont en train de tirer à coups précipités ; mais, comme ils visent en des directions différentes, aucun ne l'a vu venir, Le lieutenant pique de la pointe de son sabre le dos du Boche qui se trouve juste devant lui. Celui-ci lève la tête...

— Ah ! mon vieux, racontait par la suite le lieutenant à un de ses camarades, si tu avais vu cette binette ! Il ouvre des yeux plus grands que des fonds de quart et il reste là à me dévisager comme si j'étais le radeau de la *Méduse*. Et pas seulement les yeux qu'il ouvre, mais une gueule avec des dents plus noires ! Pouah ! Je ne pouvais pourtant pas embrocher un bipède aussi laid !

Et, laissant le Boche ahuri, qui ne pense même pas à se servir de son arme, le lieutenant fait demi-tour et revient dans nos lignes !

Je dois à la vérité de dire que le lieutenant Portefaix donne de l'anecdote une version un peu différente, mais le fond demeure le même.

Chassé de mon abri, je choisis un nouveau coin ; je ne suis pas installé encore que voici de nouveau le lieutenant. Il marche à longues enjambées, le corps plié à cause des claies. En passant, il me jette :

— Levez-vous ! et montrez-moi l'emplacement de la première section.

La première section occupe, à la droite de la compagnie, le point le plus exposé du secteur. La tranchée n'est qu'ébauchée. Impossible de se tenir debout. Cependant il faut tirer, tirer sans relâche, pour répondre au feu terrible des adversaires, lesquels ne sont qu'à une dizaine de mètres en avant et qui, au moindre arrêt de notre feu, bondiraient sur nous comme ils l'ont fait plusieurs fois déjà.

Le boyau qui mène à la tranchée n'est ébauché que de la nuit précédente. A peine a-t-on pu creuser d'une trentaine de centimètres le sol pierreux.

Je vais devant pour montrer le chemin. Les balles sifflent, sifflent ; et, sans un léger vallonnement de terrain devant nous, nous serions atteints dès les premiers pas. Je marche lentement, courbé en deux. Derrière moi, le lieutenant s'impatiente.

— Plus vite, voyons ! plus vite, que diable ! pressez-vous donc !

Impatienté à la fin, je me retourne ; je vais très poliment, mais en termes sentis, faire remarquer au lieutenant combien son impatience est intempestive...

La stupeur me clôt la bouche...

Le lieutenant Portefaix marche derrière moi, tout debout, un brin d'herbe aux lèvres !

L'effroi me rend la parole :

— Mon lieutenant ! mon lieutenant ! Baissez-vous ! Vous allez vous faire tuer !

— Ah ! vous croyez ?

De quelle voix indifférente il a dit cela ! Ah çà ! quel homme est-ce donc ?

Il se baisse un peu, cependant ; mais seulement une seconde, et voilà de nouveau son grand corps dressé tout droit, brusquement, comme un coudrier qu'on lâche après l'avoir, en passant, courbé.

Le lieutenant Portefaix marche derrière moi... (p. 184).

Par quel miracle, malgré l'obscurité, peut-il arriver indemne à la tranchée?...

Sa visite faite, nous repartons.

En chemin, nous croisons un homme couché de son long dans l'étroit boyau :

— Qu'est-ce que tu fiches là?

— Mon lieutenant, j'assure la liaison entre la première et la deuxième section.

— Ah ! tu assures la liaison, comme ça, vautré comme une bouse ! Veux-tu bien te lever tout de suite et aller te mettre derrière cet arbre ! Là, au moins, tu pourras voir ce qui se passe.

— Mais, mon lieutenant, l'arbre n'est pas assez gros. Je puis recevoir une balle !

Alors le lieutenant, superbe :

— Et puis, après? Apprends, clampin, qu'il ne peut rien t'en arriver de plus heureux que de mourir pour ton pays !

Arrivé à ma section, je laisse le lieutenant continuer sa tournée.

Une demi-heure après, le sergent Tartary passe :

— Dites donc, vous savez? le lieutenant Portefaix...

— Il est tué ? dis-je ; j'en suis certain ?

— Non, pas tué, mais blessé grièvement d'une balle à la tête.

Parbleu !

Il était resté à la tête de la compagnie un peu moins de douze heures.

VIII

A LA DÉRIVE

Me voici à la fin des souvenirs de la retraite. Qu'on ne se hâte pas de me reprocher mon pessimisme ; qu'on ne m'accuse pas de pousser ma peinture au noir. Ce chapitre terminé, ma plume en aura fini avec les descriptions attristantes. Une semaine de repos à l'arrière, le temps de mettre sur les souvenirs sanglants le voile azuré de quelques jours heureux et vous verrez poindre à nouveau ma bonne humeur et celle de mes compagnons d'armes.

Mais j'ai promis d'être sincère et je veux l'être. Il le faut, afin que vous reviviez avec moi tous les aspects de la campagne.

La première section se trouvait, je l'ai dit, à l'endroit le plus exposé. Un feu terrible la décimait.

Du coin où je m'étais établi, je voyais les blessés défiler devant moi à toute heure du jour et de la nuit. Presque tous avaient été touchés par des ricochets ; les éclats de pierre ou d'acier faisaient dans les chairs des blessures peu profondes, mais larges et affreuses à voir.

Le caporal Thépin fut au nombre des blessés. Je le regardai s'éloigner, le cœur gros, profondément conscient du vide que creusait parmi nous son départ, et me sentant plus seul encore.

Le sergent qui commandait la section fut tué d'une balle au cou ; il était arrivé du dépôt la veille. Descendu au feu, la nuit tombante, il ne vit pas même se lever sur les tranchées son premier soleil !

C'est à moi qu'échut la triste mission de dépouiller son cadavre des papiers et des objets ayant une valeur de souvenir. Le sang, tiède encore, s'attachait à mes mains. Je gardai de ce sang aux doigts plusieurs jours de suite. Il s'en alla tout seul, par écailles.

Je n'étais pas le seul à manquer de courage. Les corps de nos camarades tombés les jours précédents jonchaient le bois tout près de nous ; mais personne n'allait relever les cadavres, et pas même ceux qui affleuraient nos ouvrages.

Bien plus, il y avait un cadavre étendu sur une claie, juste au-dessus de la tranchée. Ses jambes pendaient et nous ne pouvions passer sous la claie sans nous cogner après elles. Huit jours durant, il en fut ainsi et, quand nous partîmes, le cadavre n'avait pas bougé de place !

La pluie tombait sans arrêt, noyant les boyaux et transperçant nos vêtements. Les fusils, chargés de rouille, ne manœuvraient que par force.

Une nuit, les guetteurs donnent l'alarme : les Boches viennent de sortir de leurs tranchées et foncent de notre côté. Je me précipite vers mes hommes et je commande :

— Feu par salves ! Joue..., feu !

Deux coups seulement partent ; tous les autres fusils étaient enrayés par la rouille et les graviers !

Sans notre mitrailleuse qui faucha les assaillants et les contraignit à la retraite, que serait-il advenu de nous ?

Brave sergent Garinot, c'est vous qui nous avez sauvé la vie, cette nuit-là, par votre sang-froid et votre courage. Ces exploits vous sont, d'ailleurs, familiers, et c'est vous encore qui, à l'attaque du 20 janvier, votre mitrailleuse endommagée et sans autre arme pour vous défendre, avez cependant tenu tête à vos assaillants et défoncé leurs crânes à coups de pic !

Cet hommage rendu à votre vaillance, permettez-moi un aveu. Je vous en voulus et je vous maudis d'avoir gardé quinze jours avant de me le rendre le chaud foulard de soie que j'avais enlevé de mon cou pour l'enrouler au vôtre. Ce geste, imité de saint Martin, m'avait semblé superbe et la couronne de laurier que je me posai aussitôt sur la tête, jamais Alexandre ni Homère n'en portèrent d'aussi touffues.

Mais j'aurais désiré la gloire sans pousser au bout le sacrifice, et, quand un rhume vint récompenser mon dévouement, ce dévouement me sembla lourd aux épaules.

Enfin nous reçûmes l'ordre du départ.

Malgré la joie de cette nouvelle et la vision éblouissante des voluptés qui nous attendaient à l'arrière, ce furent des fronts soucieux, des yeux inquiets, des épaules rentrées qui défilèrent dans le boyau de la route conduisant à l'étang de Ronval.

Nous ne pouvions croire à notre bonheur ; il nous apparaissait irréalisable.

De ces balles perdues qui rôdaient au-dessus de nos têtes, laquelle allait, sournoisement, se jeter sur nous ? De ces 77 qui, sans trêve, balayaient le ravin, l'un, sans doute, nous attendait là-bas, au détour, pour faucher nos rangs ?

Mais non, le ravin fut franchi, l'étang dépassé, le bois escaladé, sans que rien de fâcheux nous advînt. Encore un effort, et nous voilà de l'autre côté de la crête. Là, plus de balles à craindre et plus d'obus. Nous étions sauvés !

Oh ! alors, si vous aviez vu soudain tous ces visages se détendre, toutes ces bouches s'ouvrir, et fuser tous ces rires, et cataracter ces torrents de paroles !

Oubliée, la fatigue ! Oubliés, les dangers ! Reniées, les épouvantes ! Dans notre esprit et devant nos yeux, une seule image : celle du bourg abrité dans son vallon paisible, où nous pourrions, toute une longue semaine, dormir notre content, manger chaud, boire du vin, garder nos pieds au sec et fumer du matin au soir....

IX

PREMIER REPOS

C'est Vignot, petite ville à 2 kilomètres de Commercy, qui nous reçut à notre premier repos.

Il y avait cinquante-sept jours que je gardais les tranchées sans aucune relève.

A vrai dire, mon total se trouvait un peu inférieur à celui de mes camarades, puisque j'étais arrivé sur le front trois semaines après le début de la guerre de taupes, mais je n'en comptais pas moins et de bonne foi : cinquante-sept jours. La loi de l'uniforme (l'étymologie elle-même l'atteste !) ne souffre pas d'exception : toute recrue nouvelle s'identifie instantanément avec l'unité qui la reçoit, et tel bleu, dont la capote porte encore la poussière du dépôt, vous racontera sans rire son entrée à Sarrebourg et les souffrances endurées par lui cet hiver parmi les boues de la forêt d'Apremont.

Dans « le civil », cela s'appelle : vantardise, autosuggestion, faiblesse d'esprit ; à l'armée, cela se nomme : esprit de corps.

De quels yeux nous revîmes des maisons, des gens, des boutiques, des cafés, des églises, vous seuls le comprendrez, explorateurs, qui, deux ans de suite, êtes demeurés perdus au fond d'un désert ou ensevelis dans les glaces du Pôle !

Les habitants à Vignot sont charmants, mais les enfants y sont délicieux. Il y a là une collection unique de longs cheveux bouclés, de grands yeux ingénus, de quenottes éblouissantes, de teints vermeils, d'angéliques sourires.

Passent un bébé en train de fourrager une boîte de bonbons, une fillette chargée d'une brassée de fleurs. Si vous les regardez et qu'ils s'en aperçoivent, vous les verrez tout aussitôt accourir :

— T'en veux, dis, soldat, un bonbon?

Où bien :

— Prenez mes fleurs puisqu'elles vous plaisent.

Chères fillettes de Vignot, je vous dois les plus jolis paysages d'amour que la guerre ait déroulés à mes regards. Des heures je suis demeuré, le dos à quelque mur, épiant vos silhouettes adorables, les comparant à la tienne, ô ma fille. Yvonne a ton âge, Madeleine a tes yeux, les cheveux de Marinette et les tiens resplendissent de pareilles lueurs fauves et le rire de Thérèse fait, tout comme le tien, tinter des clochettes de cristal.

Mais ta grâce, ô ma fille, nulle part je ne l'ai retrouvée, ni non plus ta douceur, soit que, lâchée par les prés ainsi qu'une chevrette, tu lèves à tes gambades des essaims de libellules, soit que, pelotonnée aux genoux de ta vieille mémère, tu habilles et déshabilles ta poupée avec des gestes qui tous s'achèvent en caresses, et des caresses qui toutes s'achèvent en baisers.

Le sergent-major Dia ayant été fait prisonnier, comme je l'ai dit, c'est à moi que revint le commandement de la section.

Je profitai du séjour à Vignot pour entrer dans l'intimité de mes hommes, m'efforçant à leur rendre ces quelques petits services, sans grande importance intrinsèque, mais dont la valeur se multiplie par toute la distance qui sépare un chef de ses subordonnés. Mon émotion était profonde à me voir, pour la première fois en temps de guerre, le chef de cinquante hommes sur lesquels, par la façon dont j'allais comprendre mon rôle devant l'ennemi, je me trouverais avoir en fait le droit de vie et de mort.

Dans la guerre en rase campagne, la plus grande responsabilité appartient au capitaine : la compagnie est l'unité constituée à laquelle fait le plus souvent appel le haut commandement.

Dans la guerre de tranchées, cette responsabilité passe aux chefs de section. A chaque chef de section un secteur à surveiller, distinct des secteurs voisins, parfois même complètement séparé d'eux, et c'est par section qu'ont lieu les charges, même dans les attaques menées sur un large front. Les qualités d'initiative, de coup d'œil, de courage, d'endurance, de paternité, exigées du capitaine idéal, le chef de section doit les avoir, qu'il soit lieutenant, adjudant ou simple sergent, comme il est arrivé parfois cet hiver. Que ces qualités fussent miennes, je ne saurais, hélas ! et quelle que soit mon infatuation, le prétendre. Je mets à part, cependant, l'endurance et la paternité.

Pour l'endurance, on n'a jamais suffisamment indiqué, dans les récits que j'ai lus de la guerre, l'heureuse influence de la vie de tranchées sur la santé des occupants. Le grand air, l'habitude des intempéries endurcissent le corps, cependant que la nourriture saine, la privation d'alcool, la continence, la paix de l'âme, éliminent peu à peu de l'organisme les humeurs malignes, principe de toutes les maladies.

Pour la paternité...

C'est une chose terrible, quand on y pense, que de commander à des hommes : ce sentiment, je l'avais éprouvé, bien avant la guerre, avec ceux qui dépendaient de moi. Malgré la froideur voulue de mes rapports avec eux, malgré mes exigences, ma brusquerie même, je me sentais pour eux une âme fraternelle. Je me demandais souvent :

— Suis-je digne de les commander? Qui sait quels sentiments éveillent en eux mes actes? Qui sait comment ils me jugent? Telle parole, jetée par moi à la légère, comme un chiffon de papier pardessus l'épaule, ne va-t-elle pas soulever un regret, nourrir une inquiétude, creuser une haine?...

Cette conscience de sa responsabilité, combien

plus forte l'a-t-on en temps de guerre ! et combien de fois n'ai-je pas été tenté d'aller trouver mes chefs et de leur dire :

— Otez-moi mes galons ; je n'en veux plus ; remettez-moi simple soldat !

Pour la paternité, ai-je dit...

C'est l'affection que je portais à mes hommes qui contrebalança la conviction que j'avais de mon insuffisance et qui me fit conserver des fonctions redoutables. L'amour est la loi de l'humanité aussi bien que des mondes, et toute tâche accomplie sans amour a les racines brûlées. Je me dis qu'en aimant ceux qui m'entouraient, en étant pour eux, selon leur âge, un ami ou un père, je diminuerais leur isolement, je rendrais moins lourd le poids de leurs fatigues, j'augmenterais par là même leur rendement au combat.

Ai-je réussi?...

Des larmes que j'ai vu répandre à certains jours d'adieux, ces larmes me portent témoignage.

QUATRIÈME PARTIE

TÊTE-A-VACHE

I

LA GUERRE DE DÉCEMBRE

Le repos de cinq jours écoulé, le bataillon quitta Vignot pour aller s'établir à la Tête-à-Vache.

Le froid est vif sur les Hauts-de-Meuse. Il nous le semblait davantage encore dans nos pauvres tranchées misérables, auprès desquelles les tranchées actuelles apparaissent comme des palais surgis d'une banlieue de grande ville.

Nul abri contre les intempéries ; nulle protection contre les obus ; pas un puisard offert à l'écoulement des eaux ; pour toute toiture, des claies que les shrapnels déchiraient, nous obligeant à d'incessantes et vaines reprises, que le vent curieux soulevait au passage et laissait retomber avec un ricanement moqueur.

Dans notre misère cependant et dans notre pauvreté, une grande joie et une grande opulence : les feux que nous allumions, la nuit venue.

Ma section s'ornait d'un braconnier, Ragotin, expert aux industries de la forêt. C'est lui qui m'apprit à choisir, entre les diverses essences, celles qui conviennent à une flambée rapide et celles qui s'imposent pour une braise prolongée.

Il savait découvrir la souche morte de chêne, qui, placée dans le foyer avant le lever du soleil, se consume lentement et sans fumée, entretenant tout le jour la braise qui permet aux cuisiniers de servir un café brûlant.

Lui seul, de branches mouillées, de rondins chargés de neige, pouvait, en quelques secondes, faire jaillir la bonne flamme chaude et claire.

Heures exquises du soir, où, pelotonnés en cercle autour des bûches crépitantes, nous laissions peu à peu tomber nos voix pour nous livrer en paix à nos rêveries. En même temps qu'à nos guêtres s'écaillait la boue, nous sentions, à la douce chaleur, fondre le froid du jour et tomber de nos épaules le manteau des fatigues.

Et des visages aimés nous souriaient à travers les flammes.

C'est pendant ces veillées de décembre qu'avec

plus de force que jamais s'imposa devant mes méditations le problème de la guerre.

J'étais alors un guerrier assez neuf pour m'étonner encore de certaines particularités de ma pro-

Heures exquises du soir… (p. 198).

fession nouvelle. Aujourd'hui, le visage de la guerre m'est tellement familier que je ne la conçois pas d'autre sorte.

Quelle est l'origine des guerres? Et comment ces massacres se concilient-ils avec l'hypothèse d'une Providence?…

Ce thème fut l'objet de maintes controverses avec le vent aux mille voix grondantes, dont les griffes assiégeaient la tranchée, soulevaient les claies disjointes et déversaient sur mes épaules les rafales de neige.

Au fait, vous l'ai-je dit déjà que le vent est mon ami?

Enfant, je me cachais derrière les haies pour le surprendre au passage, ne pouvant m'imaginer qu'un personnage aussi bruyant fût invisible. Quand je fus bien convaincu de l'inutilité de mes efforts, ma curiosité n'en demeura que plus vive. Le mystère de cet être qui courbait les arbres, couchait les blés, emportait au ciel les papiers et les étoffes, me passionnait. Je m'appliquai de longues heures à déchiffrer son langage et j'y parvins.

Maintenant nous causons, tous les deux, en vieux camarades. Il n'est pas exigeant, et toujours il laisse à mon initiative les sujets de conversation, triste quand je suis morose, hilare quand j'ai envie de rire, porte-parole de cette deuxième âme que chacun de nous héberge en soi.

Il ne se permet de me contredire et de me railler que dans nos conversations philosophiques. Sans doute parce qu'alors j'ai peine à me prendre au sérieux moi-même....

Nous voici donc tous les deux, moi assis sur une souche, au fond de la tranchée, devant la flamme du foyer, lui m'enveloppant de dix côtés à la fois, par la cheminée, par le dédale des boyaux, par les claies disjointes...

Je prends la parole.

— Méphisto, dis-je au vent (c'est le nom d'amitié que je lui donne), t'es-tu demandé déjà pourquoi douze millions d'hommes sont en train de s'égorger en Europe?

— Tout simplement, répond Méphisto, parce que l'homme est un animal sanguinaire.

— Non, Méphisto, ton explication ne vaut pas chipette. L'homme est un animal sanguinaire, je le concède, mais pas au point de se lancer volontairement dans l'arène. Interroge l'un après l'autre chacun des combattants et tu n'en trouveras pas un sur mille, de ceux qui ont connu déjà l'horreur d'un combat, pour préférer la guerre à la paix. Pas un sur mille.

— C'est, repart Méphisto agressif, que l'homme, animal sanguinaire, est, plus encore, un animal absurde.

Mais je ne juge pas à propos de relever cette insinuation outrageante et je poursuis :

— Aux temps de ma jeunesse, temps des longs

espoirs et des vastes pensées, je méditais entre autres chefs-d'œuvre immortels (ricanement de Méphisto) une *Légende des siècles* devant laquelle l'œuvre de Victor Hugo se fût évanouie soudain comme la pâlote lueur d'un ver luisant parmi l'aveuglante clarté d'un phare d'automobile ! Dans cette *Légende des siècles*, il y avait notamment une pièce, vrai bijou d'anthologie (nouveau ricanement), dont voici le sommaire :

Satan n'a pas encore sombré dans la révolte. Il est toujours l'enfant préféré de Jéhovah, le plus beau des anges, mais son orgueil naissant fait présager sa chute. Pour lui montrer son impuissance, Jéhovah lui donne le pouvoir de créer. Satan se met à l'œuvre et, tendant toutes les forces de son génie, il crée le monde des insectes, mais un monde avorté, amant de l'ombre et de la fange ; larves incolores, vers rampants, cloportes répugnants, mille-pattes hideux.

Dieu contemple les monstres qui grouillent dans leurs cavernes souterraines, puis il étend la main... Aussitôt des ailes poussent à ces enfants des ténèbres, les têtes resplendissent sous les facettes des prunelles, les dos sombres s'illuminent de toutes les couleurs de l'arc-en-ciel, et voilà soudain, à la lumière dorée du soleil, la splendeur des papillons, la grâce des libellules, la magnificence royale des coléoptères.

— J'ai lu dans Victor Hugo, ricane le vent, certaine légende d'Iblis qui rappelle furieusement ton histoire !

— De même que ces insectes avortés d'une œuvre, hélas ! mort-née ! je concevrais volontiers la guerre comme une monstrueuse création de l'Esprit du Mal. Qui sait où s'arrête le pouvoir des forces mystérieuses qui nous dominent ? Le nom véritable de ceux qu'on a appelés au cours des siècles : Hasard, Fatalité, Destin, qui peut le dire ?... Voilà donc instituées les guerres...

— J'admire, ricane Méphisto, la logique de ce donc !

— Voilà donc, poursuis-je, instituées les guerres, ces égorgements farouches dont la seule pensée a de quoi faire hurler d'épouvante. Heureusement Dieu est là, Dieu qui laisse à ses créatures l'usage des facultés qu'il leur a données, mais qui ne permet pas que ces facultés s'opposent à sa justice et à sa miséricorde. Sur la création infernale il étend la main ; par-dessus les incendies, les pillages, la cruauté, la soif du sang, le carnage, il établit la pitié, le courage, l'oubli de soi, l'esprit de sacrifice, la fraternité, la Patrie, toutes choses si douces, si pures, si lumineuses, que la guerre s'en trouve aussitôt transfigurée, que le chef-d'œuvre de la haine devient le chef-d'œuvre de l'amour, et que Dieu ajoute à ses titres d'Éternel et de Tout-Puissant celui de Sabaoth, Dieu des armées.

— Il faut croire, dit Méphisto, que, malgré cette adoption de la guerre par le Très-Haut, l'Esprit du Mal a gardé sur sa création une direction prépondérante, car, pour une guerre juste, une bonne dizaine au moins ont à leur origine la cupidité, l'orgueil, l'envie ou la cruauté. Et ne vois-tu pas que pour le sort des combats la justice de la cause ne passe qu'au second plan, bien loin derrière les canons de 420 et les gros bataillons?

— Il y aurait là-dessus gros à répliquer et l'exemple de Jeanne d'Arc, bien que le plus remarquable de tous, n'est pas unique dans l'histoire de la faiblesse opprimée. Pourtant j'accepte de ne pas tenir compte de ces interventions surnaturelles, forcément rares : elles ne sont nullement indispensables à ma thèse. Sache, Méphisto, que l'issue d'une guerre n'est pas dans cette guerre le fait capital, mais bien la transformation qui s'opère dans les âmes et dans les cœurs. En d'autres termes, qui est le vainqueur et le vaincu véritables, de celui à qui a sourit la fortune des armes, et qui, grossier avant la guerre, cruel pendant la guerre, ne trouve dans son succès qu'un aliment nouveau pour sa bestialité, et de celui dont la force a trompé la valeur, mais qui sort de la lutte avec une âme épurée et un cœur forgé d'acier pur? Cette victoire qui semble le fuir, elle décrit au-dessus de sa tête des cercles de plus en plus rapprochés ; le jour n'est pas loin où elle viendra se poser sur son épaule et manger dans sa main comme une colombe apprivoisée. La victoire est toujours au plus digne.

— Ho ! ho ! proteste Méphisto ; voilà un maître paradoxe.

— Paradoxe, à ne considérer qu'un court espace d'années, peut-être. Si j'avais des connaissances historiques un peu moins rudimentaires, Méphisto, je te citerais de ce que j'avance de multiples et irréfutables exemples. Je sens si fortement ma théorie qu'elle doit être exacte, j'en mettrais ma main à ce brasier.

Méphisto n'est pas convaincu (entre nous il n'a pas tout à fait tort) ; il grogne, mais comme son grognement ne s'accompagne d'aucune objection nouvelle, je continue :

— Si, maintenant, quittant le domaine de la spéculation, nous examinons le problème de la guerre à la seule lumière des faits, nous voyons s'imposer à notre esprit les mêmes conclusions déconcertantes : la guerre est, comme la langue du fabuliste, ce qu'il y a au monde de meilleur et de pire, et l'homme n'est précipité dans l'abîme grouillant des vampires et des stryges que pour rebondir, par un merveilleux tremplin, vers les hauteurs éthérées des sylphes et des étoiles.

— L'ironie est un peu forte, gronde le vent, d'en appeler aux étoiles pour une industrie qui n'est au fond qu'une vaste entreprise d'assassinat.

— Ne jouons pas sur les mots, Méphisto ; sinon nous traiterons également d'assassin le passant qui abat son agresseur. Considérons non pas l'objet immédiat de la guerre, qui est le meurtre, mais les mobiles qui ennoblissent cet objet. Le soldat tue, mais par devoir et non par plaisir, par nécessité et non par cruauté naturelle. Mais je ne me contente pas de repousser de toute mon indignation ce terme infamant d'assassin appliqué au soldat, je déclare que, pour lui, aucune louange ne me semble assez rare, ni assez hyperbolique. Je réclame pour l'homme de guerre une place au fronton des cathédrales, parmi les gloires de la cité, au-dessus même de l'anachorète et de l'apôtre. Ne te récrie pas. Ou alors, dis-moi quelle règle monastique, parmi les plus sévères, impose à ses adhérents, en addition aux vœux habituels de pauvreté, de chasteté, d'obéissance, qui sont les vœux communs du moine et du soldat, l'obligation de vivre à ciel ouvert comme l'herbe de la prairie et le risque permanent des blessures et de la mort?

Que la guerre soit horrible en ses moyens, qui songe à dire le contraire? Mais les moyens sont de l'homme; ce qui est de Dieu, c'est d'avoir fait croître la pitié sur le massacre, la douceur sur la dévastation, l'amour sur le pillage et l'incendie.

Jusqu'où ne s'étend pas l'influence bienfaisante de la guerre! Elle exalte en l'homme toutes les puissances intellectuelles et morales. En le détachant de son amour immodéré de la vie, elle le détache, par conséquence, de son corps de chair, des appétits, des passions, des désirs de ce corps de chair, elle l'apparente, en quelque sorte, aux purs esprits.

Quand, en avril, les premiers rayons du soleil font tomber devant les escargots la porte de leur prison, les gourmets ouvrent à la vue des savoureuses bestioles des bouches baveuses. Mais la prudence tempère leur impatience. Ils savent qu'avant de paraître sur leurs tables, beurrés, aillés et rissolés à plaisir, les escargots doivent être enfermés en des vases bien clos où ils se débarrasseront dans un long jeûne des humeurs malignes déposées en leurs artères par les herbes nouvelles.

La guerre est pour les hommes ce vase bien clos où s'opère le jeûne de leurs âmes. Séparés de leurs familles, de leurs plaisirs, seuls avec eux-mêmes, ils se défont peu à peu de leurs égoïsmes et de leurs petitesses.

Leur orgueil, qui se dressait comme un panache au-dessus de leurs têtes, — les balles qui passent le fauchent en même temps que les branches et les graminées. Leur avidité, leur cupidité, leur amour de l'or qui les attachaient à la terre et étaient comme des racines à leurs pieds, — les obus les arrachent en même temps qu'ils renversent les arbres et mettent à nu les souches. Leur gourmandise, leur sensualité, leur amour du bien-être, projetés autour d'eux comme les tentacules des fraisiers et des violettes qui vont, quêtant les sucs de la terre et la chaleur du soleil, — le jeûne les dessèche, le froid les flétrit, la pluie les désagrège.

Vous pouvez vous pencher vers eux, ô mon Dieu, et laisser sur eux reposer vos regards ; ils sont devenus tels que vous les aimez : nus, simples et candides comme de petits enfants...

Ainsi rêvais-je, aux veillées de décembre, par-devant les bûches crépitantes, cependant que le vent moqueur me jetait au visage les cendres et les étincelles ou faisait tomber sur mes épaules les rafales de neige.

II

NOEL 1914

Ce fut aux tranchées de la Tête-à-Vache que se déroula, devant mes yeux, la plus fantastique aventure de cette première année de campagne.

Deux jours avant Noël, les Boches placés devant nos lignes nous firent savoir que « pour fêter la naissance de Jésus, ils demeureraient bien tranquilles toute la journée de Noël ». Ils nous invitaient à faire de même.

Ces propositions n'engendrèrent que la méfiance. Nous sommes payés pour savoir ce que valent les promesses de nos loyaux ennemis. La conclusion tirée par nous fut que les Boches méditaient pour Noël une attaque en masses et que leur proposition avait pour but d'endormir notre vigilance. Aussi les gardes furent-elles doublées.

Nous avions tort.

De toute la nuit de Noël, pas un coup de feu ne fut tiré par les Allemands. Par contre, ils alternèrent les cantiques et les chansons bachiques avec un rare souci de la neutralité.

Vers une heure du matin, j'allai porter à un des petits postes avancés de ma section une grande gamelle de café brûlant (il gelait à pierre fendre) et c'est ainsi que je pus assister au concert en première loge.

Cette mise en scène ne fit qu'augmenter notre méfiance. Chat échaudé... Et nous étions prêts à parier que les Boches nous préparaient pour le petit jour une surprise.

Cette surprise se produisit, mais non telle que nous l'attendions.

Dès les premières lueurs de l'aube, en effet, les Boches sortirent de leurs tranchées, sans armes, sans équipement, capotes déboutonnées, des bouteilles à la main, abominablement ivres !

Les uns nous montraient leurs bouteilles et nous invitaient à aller trinquer avec eux ! D'autres se prenaient par la taille et dansaient. D'autres encore, sans plus se soucier de nous que des buissons des alentours, s'asseyaient sur les talus, sur les rochers, sur les souches déracinées et, choquant leurs bouteilles, continuaient leurs beuveries et leurs chansons.

Je ne puis, même maintenant, analyser les sentiments ressentis à ce spectacle : c'était un mélange d'horreur, de répulsion et de stupeur, une impres-

... Dès les premières lueurs de l'aube p. (210).

sion analogue à celle que nous aurions pu éprouver en voyant des tigres, des ours, des chacals et des hyènes, habillés en hommes, singer les manières des hommes et mimer les amusements d'une kermesse, avec des pattes et des visages dégouttant encore du sang de leurs victimes...

Je vous entends. Il eût fallu profiter de l'occasion et faire un massacre de tous ces ivrognes. Là était, sans conteste, notre devoir.

Mais allez donc persuader à des soldats français de tirer sur des ennemis désarmés, ces ennemis fussent-ils des Boches ! De notre générosité vient notre faiblesse, mais aussi notre force. Ce n'est pas au hasard du grain qui vole que la chevalerie a germé sur notre terre.

Des messagers furent envoyés au commandant de la tranche (1), pour rendre compte des événements et demander des ordres. Les ordres ne se firent pas attendre : aucune trêve légale n'existait entre les belligérants ; il fallait, en conséquence, tirer immédiatement sur tout ennemi visible.

Ces ordres eussent été obéis, sans aucun doute, quoiqu'à contre-cœur. Un événement providentiel vint nous enlever nos scrupules de conscience.

Cinq minutes à peine avant le retour des messagers, des officiers boches sautèrent sur les parapets et, à grands coups de poings et de pieds, firent ren-

(1) Tranche (n. fém.), ensemble de tranchées placé sous le commandement d'un officier supérieur,

trer les ivrognes dans les tranchées : en quelques secondes il ne restait plus personne au dehors !

Nous eûmes, deux jours plus tard, par un déserteur, l'explication de l'événement.

Les officiers allemands ignoraient l'équipée de leurs hommes. Alors en effet que chez nous, hommes et chefs partagent les mêmes privations et les mêmes dangers, les officiers allemands demeurent en troisième ligne et laissent l'administration des tranchées aux sous-officiers. C'étaient ceux-ci qui, de leur propre initiative, avaient organisé toute l'affaire. Mis au courant, les officiers avaient aussitôt bondi en première ligne et avaient rappelé leurs hommes aux convenances avec les arguments qui leur sont coutumiers !

Ce fut fini de rire. Nos sociables ennemis, des Bavarois, comme un déserteur nous l'apprit, furent aussitôt remplacés par des Prussiens de Poméranie, et ceux-ci prirent à tâche de nous faire oublier la mansuétude de leurs prédécesseurs.

Le croiriez-vous? cet acharnement des Poméraniens nous apporta un soulagement sensible. Cela nous surprenait et nous choquait de trouver dans les Boches des êtres qui ne fussent pas complètement des sauvages, et nous leur en voulions de s'être, par la confiance qu'ils nous avaient montrée, rendus en quelque sorte dignes de cette confiance.

Les Boches disparus, nous pûmes terminer la fête en famille. On fredonna des noëls patois. De main en main passèrent les bouteilles de champagne distribuées la veille.

Un soleil magnifique resplendissait dans un ciel pur de tout nuage. Sa chaleur, combattue par une bise glacée, n'arrivait pas à fondre le givre de la nuit ; mais ses rayons habillaient de pourpre et d'or les talus des tranchées et cachaient sous les plis du manteau royal les squelettes lamentables de la forêt.

Or, trois collines bornaient notre horizon, et le soleil planait, enfermé, semblait-il, entre les trois cimes :

— Regardez, sergent, me dit un de mes « petits bleus » ; on dirait un soleil « rien que pour nous »...

Et, tout en faisant les cent pas d'une tranchée à l'autre, je monologue :

« Ils sont d'un pareil mirage victimes ceux qui, rêvant d'une terre « rien que pour eux », ne craignent pas de jeter les uns contre les autres des hommes à qui Dieu vint apprendre qu'ils étaient frères.

» L'évangile de l'amour, ils l'ont enseveli sous

des flots de sang ; ils ont dressé sur son cadavre l'évangile de la haine.

» Eh bien ! soit.

» Comme cela fait du bien de pouvoir impunément se livrer à ses instincts de brute, de sentir pour une fois le ciel et l'enfer réconciliés dans son cœur, de haïr à pleine haine avec la permission de Dieu !...

» Pourtant, c'est Noël aujourd'hui. Une douceur inconnue dilue le paysage et des anges chantent au-dessus de nos têtes : *Pax hominibus bonæ voluntatis.*

» Jésus, petit Jésus, que viens-tu faire ici? tu vas te faire blesser par une balle ou mettre en pièces par un crapouillot. Allons, va-t'en, mon enfant ; remonte là-haut, mon pauvre petit...

» O haine, ô sainte haine ! c'est toi que je placerai ce soir sur la paille de la crèche et que j'adorerai sur mes deux grands genoux. »

III

LE CAPORAL DAVIET

Le 1er janvier, il y eut attaque des tranchées allemandes de La Louvière, par le premier bataillon. Les autres bataillons, dont le mien, demeuraient spectateurs.

Je me trouvais avec ma section, en réserve de la compagnie, dans un des boyaux menant de la Tête-à-Vache à la Louvière.

Suave... Il est doux de contempler la bataille du haut d'un tranquille observatoire et d'applaudir aux prouesses des camarades quand on est soi-même à l'abri des balles et des obus... Il est moins doux de se trouver brusquement arraché à sa quiétude pour se voir, sans préparation aucune, précipité dans la fournaise !

C'est pourtant ce qui advint par suite d'un ordre qu'un agent de liaison transmit de travers.

— Vite, vite ! me crie le fâcheux. On vous attend là-bas tout de suite !

Me voilà donc parti au canon avec ma section. Les shrapnels éclatent au-dessus de nos têtes et plusieurs blessés nous abandonnent. A mi-chemin, nouvel avatar. Je dois envoyer deux escouades aux cartouches, de sorte que lorsque nous sautons « le barriau », à mi-côte de l'ouvrage du 134, nous sommes tout juste, y compris le sergent Henry, le caporal Daviet et moi, une douzaine.

Maigre renfort ! N'importe ; nous nous précipitons à travers le fourré, afin de prendre à revers les positions ennemies.

A part deux anciens, tous mes hommes sont des bleus de la classe 14, arrivés de l'avant-veille, et je ne puis me défendre d'une appréhension : comment vont-ils se comporter pour leur coup d'essai?...

Garde tes appréhensions pour toi, vieux birbe, et tâche plutôt de n'être pas inférieur à ceux que tu commandes ! Regarde-les bondir, une paire d'ailes aux pieds, une flamme aux yeux et le sourire aux lèvres...

Pas de doute : ils s'amusent !

Ils ont retrouvé le jeu de leur enfance, cette « petite guerre » qui les haussait à la taille d'hommes en leur donnant l'illusion du péril. Mais, cette fois, c'est « pour de bon », comme on dit en Berry, et les balles qui viennent de la droite sont des balles « pour de vrai ».

Nous nous échelonnons à mi-pente de la colline.

Allons, voilà qu'on nous tire maintenant de gauche, du haut du coteau de la Tête-à-Vache. Nous sommes pris entre deux feux. J'ai besoin de réfléchir.

Je commande : « A genoux ! » et je vais reconnaître le terrain.

Nouvelle rafale de balles, venant cette fois de l'avant. J'ai tout juste le temps de me jeter derrière une pile de rondins pour laisser passer l'averse. Le feu cesse aussitôt.

Pas de doute : alors que sur les côtés la fusillade est folle, celle du devant provient d'une troupe qui nous voit, qui nous vise, et qui ne tire qu'à bon escient. Mais si elle nous voit, malgré les arbres, malgré le fourré, c'est donc qu'elle est tout près de nous, en avant de la crête, à 10 mètres au plus...

Il faut se débarrasser de ces gêneurs avant d'aller plus loin.

Je reviens au milieu de mes hommes, non sans servir encore une fois de point de mire. Je les fais s'établir, cinq dans un trou d'obus, les autres à plat ventre derrière des souches, et je commande :

— Tirez à volonté, sans vous presser, cinq cartouches chacun, en visant un peu en avant de la crête.

Le feu crépite, diminue, puis s'arrête.

La leçon aura servi, car on ne nous tirera plus de ce côté.

Mais ne voilà-t-il pas que les balles nous arrivent maintenant de l'arrière, des balles françaises ! Notre mouvement tournant nous a placés sur la ligne de tir des nôtres : nous héritons de tous leurs ricochets, de toutes leurs balles perdues, et de tous les éclats des 75 tirés sur les lignes boches.

Nous nous trouvons bientôt au milieu d'un ouragan de feu. Autour de nous, les arbres geignent des blessures reçues, les branches s'abattent, coupées net, comme à la serpe. Impossible d'avancer ou de reculer.

Mes hommes me regardent. Ils se sont relevés d'eux-mêmes, sans ordre, et leurs regards impatients me disent : « Eh bien ! en avant ! Qu'attendez-vous? Nous n'allons tout de même pas nous arrêter pour si peu ! »

Oh ! les braves petits !

Mais non, je ne commanderai pas en avant : ce serait folie. En hâte, je les fais tous coucher, je me couche moi-même, un peu en arrière d'eux, le sergent Henry près de moi et j'attends.

Trop fort est l'ouragan pour qu'il ne se calme pas bientôt. Ce sera l'affaire de quelques minutes.

Soudain un coup au cœur...

Ayant relevé machinalement la tête, je viens d'apercevoir le caporal Daviet, à trois pas sur ma droite, debout, bien en vue, sans la moindre broussaille pour le garantir !

Il a sorti de sa poche sa blague et son cahier de

Job, et il est en train de souffler placidement dans le cahier entr'ouvert pour détacher une feuille...

Je lui crie :

— Voulez-vous bien vous coucher !

Il fait la sourde oreille ; la feuille détachée, il referme le cahier, le met dans sa poche, ouvre sa blague, prend du tabac...

— Daviet, fais-je en donnant toute ma voix ; Daviet ! êtes-vous fou !

Il ne m'entend toujours pas, il ne veut pas m'entendre.

Bien tranquillement, il roule sa cigarette, la mouille...

— Daviet ! dis-je, en me soulevant à demi et d'un ton qui n'admet pas de réplique, je vous ordonne de vous coucher !

Il tourne alors la tête vers moi, d'un geste lent, me regarde sans mot dire, puis, montrant les hommes couchés devant nous, et qui du coin de l'œil nous observent, il les enveloppe d'un geste large qui s'achève vers le ciel, ce qui, joint à un signe de tête qu'on ne peut dépeindre, signifie clairement :

— Les bleus qui sont là, il faut bien que les anciens comme moi leur donnent l'exemple !

C'est cela qu'il veut dire, je le jurerais. Cela s'accorde trop bien avec son sens élevé du devoir et son mysticisme de paysan vendéen.

Sans s'occuper de moi davantage, il enflamme son briquet, allume sa cigarette, tire une bouffée, envoie la fumée en défi dans la direction des Boches...

Cette fois, il va se cacher, j'imagine !

Ah ! bien oui ! il prend la position à genoux et se met à tirer, balle par balle, aussi calme qu'au champ de tir.

Juste à ce moment, l'homme placé devant lui, à quelques pas, et qui était couché, lui, bien incrusté dans la mousse, est tué d'une balle au front.

Daviet ne s'émeut point, et son tir, entremêlé de bouffées de cigarette, ne s'accélère ni ne se ralentit.

A le voir jouer ainsi avec sa vie comme avec un mirliton d'un sou, je ferme les poings de colère. Par son âge, par l'affection qu'il me porte, il est un de ceux pour qui j'ai une âme paternelle, un de ceux que, dans le secret de mon cœur, j'appelle mes enfants. Je me sens des droits sur lui, les droits d'un père sur un fils désobéissant.

Je me dis : « Je vais me lever et aller lui donner une paire de gifles... »

Ma pensée chemine encore que, horreur ! une balle venue de l'arrière, une de nos balles, le frappe dans le dos à la hauteur de sa cartouchière. Par un phénomène que je ne puis m'expliquer et que je n'ai jamais vu se reproduire, la capote prend feu... Voilà, en deux secondes, la flamme qui monte, monte, et atteint les cheveux.

Henry et moi nous nous précipitons. A coups de képi, je frappe sur les flammes ; Daviet, pendant ce temps, tourne sur lui-même comme une toupie, s'imaginant instinctivement qu'il pourra atteindre la flamme qui s'obstine à rester derrière lui.

Il ne me faut pas moins d'une dizaine de coups de képi pour éteindre l'incendie !

J'offre à Daviet un de ses camarades pour l'accompagner au poste de secours...

J'ai tort, je m'en rends compte. Au combat, on ne doit plus connaître de camarades ni d'amis : en avant, tant pis pour qui tombe ! La seule préoccupation doit être celle du but à atteindre, de l'ennemi à réduire.

Mais ce n'est pas Daviet qui se ferait complice d'une lâcheté. Il sait que je n'ai pas trop de tous mes hommes : il refuse mon offre. Je lui tends la main :

— Ce ne sera rien, dis-je, essayant de lui mentir.

Daviet ne répond pas, mais le regard profond qu'il fixe sur moi en prenant ma main et en la serrant dans une chaude étreinte, ce regard dit : « Je suis perdu ! »

Puis il s'en va, tout seul, très droit, la tête haute, narguant une dernière fois les balles qui l'accompagnent en sifflant à ses oreilles comme un essaim de mouches méchantes.

Qui pourrait penser, à le voir ainsi marcher, impassible, qu'il a le corps traversé de part en part, qu'il lui faut, pour surmonter sa souffrance, une énergie surhumaine, et qu'il va s'abattre tout à l'heure, à quelques pas du poste de secours, ayant atteint, dans un suprême effort de sa volonté, l'extrême limite de ses forces?

Père et mère de Daviet, vous dont la pensée l'accompagnait sans cesse et que, huit jours encore avant sa mort, il embrassait en rêve, je n'ai pu, ayant perdu dans la tourmente mon carnet d'adresses, vous parler comme je l'aurais voulu de votre fils et vous raconter ses derniers moments.

Dans votre lointain village de la Vendée, y a-t-il chance que ces lignes tombent un jour sous vos yeux? Dieu le permette, afin que vous sachiez que votre fils a vécu en héros et est mort de même.

Il était pour nous un exemple, et je le vois toujours, ce matin de novembre, en haut de l'arbre sur lequel il avait grimpé, croquant sur son bloc-notes les tranchées ennemies placées à deux cents pas de là, sourd aux appels effrayés de ses camarades, indifférent aux balles qui hachaient les branches autour de lui en faisant voler l'écorce !

Et sachez aussi qu'un de mes premiers actes, quand, nommé sous-lieutenant, j'ai osé faire entendre ma voix, a été d'obtenir pour votre fils la croix de guerre.

Que le chef qui a accueilli ma requête (1) et qui m'a permis de récompenser deux de mes braves, les caporaux Daviet et Thépin, reçoive ici l'expression de ma respectueuse reconnaissance.

J'ai voulu annoncer moi-même à Daviet la bonne nouvelle. Evoquant son image parmi celles de tous les morts qui, tombés à nos côtés, continuent de nous encourager par leur présence : « Mon enfant », ai-je commencé... Mais ma voix s'est brisée dans les larmes.

(1) Le colonel de Bélenet qui commandait alors le 95e et qui est maintenant à la tête d'une brigade.

IV

JE SUIS NOMMÉ GÉNÉRAL DE BRIGADE

L'affaire du 1er janvier se termina pour nous vers trois heures de l'après-midi. Nous n'avions rien mangé ni bu depuis la veille, pas même le traditionnel quart de jus.

Les musettes des camarades étaient, tout aussi complètement que la mienne, vides.

En rejoignant la compagnie à la tête de ma section, je croisai dans un boyau un soldat du 85e, assis sur une banquette de tir, et qui, tenant dans la main droite son couteau ouvert, dans la main gauche un morceau de pain, était en train de manger.

— Part à deux, lui dis-je, la main tendue.

L'homme, ouvrant sa main gauche, me montra une bouchée de pain surmontée d'un bout de saucisson gros comme l'extrémité du petit doigt :

— Vous m'excuserez, sergent. C'est tout ce qui me reste. Il n'y a pas même de quoi se caler une dent creuse.

Si je l'excusais ! Mais j'aurais vidé dans sa

main tout le contenu de mon porte-monnaie pour ce cadeau royal.

— Part à deux!... (p. 225).

Une bouchée de pain ! Ceux qui ne conçoivent pas le moindre déjeuner sans des livres de victuailles ne se font aucune idée de la quantité de substance alimentaire contenue dans une bouchée de pain. J'en eus pour une demi-heure à la humer, à la grignoter, à la mâcher, à la savourer, à extraire d'elle toutes les jouissances gastronomiques qu'elle tenait encloses.

Et, le festin terminé, des remords me vinrent de n'avoir pas songé à inviter les camarades !

N'importe, je trouvai le « temps long », comme on dit chez moi, jusqu'à six heures du soir, heure à laquelle arrivèrent nos cuisiniers.

La semaine qui suivit se passa presque tout entière en réserve dans le ravin de la Tête-à-Vache.

Sans attaque nouvelle, sans événements extérieurs dignes de remarque, ce fut cependant une des semaines les mieux remplies de ma vie, car, en moins de huit jours, je fus promu général de brigade.

Cette prodigieuse fortune n'étonnera que ceux qui ignorent les prouesses réalisées par moi au cours de mon existence. C'est ainsi qu'une fois je découvris au fond du Pacifique, quelque part (ne me demandez pas trop de précisions) un continent grand comme l'Australie. Une autre fois, à la tête d'une légion de cent hommes, je me taillai dans l'Amérique du Sud un empire qui, en dix ans... Une autre fois encore, un coup de Bourse heureux — car mon activité s'exerce dans tous les genres — un coup de Bourse heureux me rendit maître, en une soirée, d'une somme de quatre milliards. J'avais gagné exactement quatre milliards et vingt millions, mais j'abandonnai généreusement les vingt millions aux huissiers qui m'aidèrent à endosser ma pelisse, au sortir de la Bourse...

Je vous fais grâce de l'énumération des prodiges qu'il me fallut réaliser pour bondir par-dessus tous les grades intermédiaires, jusqu'aux étoiles de brigadier. Je me souviens d'un drapeau pris, d'une batterie de 150 mise à mal, d'une percée victorieuse à soixante kilomètres au delà des premières lignes allemandes...

Ce ne fut pas tout, mais, pour un seul homme, ce n'est déjà pas mal.

A ceux qui hausseront les épaules et qui traiteront d'enfantillages ces châteaux en Espagne, je répondrai que seuls les châteaux en Espagne donnent du prix à la vie pour les imaginatifs. Non seulement les rêves colorent la monotonie de l'existence, mais ils sont des créateurs de force et des fomenteurs d'énergie, et jamais Napoléon ne fût devenu empereur s'il n'eût commencé par admettre en lui-même la possibilité de le devenir.

Je n'ambitionne nullement la couronne impériale — et peut-être cette protestation était-elle superflue ! — mais j'aime l'action, même en rêve, et, que l'on me raille ou non, je continuerai de rêver.

Donc, me voilà général de brigade. Cette soudaine élévation m'avait été inspirée en partie par la joie d'être sorti vivant d'une attaque meurtrière. Mais elle avait une autre cause...

Ce fut, s'en souvient-on, à la suite d'un ordre transmis de travers par un agent de liaison que je me trouvai mêlé à l'action du 1er janvier. Nul autre élément en dehors du premier bataillon (j'appartenais alors au deuxième) ne prit part à cette attaque.

Mais une légende, à mon insu, se forma.

On (cet *on* mystérieux dont personne jamais n'entrevit le visage), *on* affirma que j'avais couru au feu de moi-même, en entraînant mes hommes. *On* se pâma d'admiration devant ma vaillance ; *on* me baptisa héros.

Déjà, en revenant de l'attaque, je m'étais étonné de la chaleur des poignées de main que m'avaient données le capitaine de La Source, qui commandait le bataillon et le lieutenant Merlin qui commandait la compagnie.

Il se peut, avais-je pensé, que mes hommes et moi méritions quelques éloges, mais qui peut le savoir en dehors de nous, puisque nous étions seuls?...

Le lendemain de l'attaque et les jours suivants, je me vis montré du doigt, de loin, par des poilus ; trois ou quatre fois même, des officiers, croisés dans la tranchée, devancèrent le salut que j'allais leur faire et me saluèrent d'eux-mêmes les premiers...

Quand j'appris ce dont il retournait, je rougis de honte à la pensée d'avoir participé, sans le savoir, à un mensonge aussi monstrueux, et je m'empressai de protester, chaque fois que l'occasion m'en fut donnée, de toute la chaleur de mon indignation.

On secoua la tête en souriant et l'on continua de m'entourer d'une considération particulière.

Je protestai encore, mais plus faiblement, et comme je n'arrivais pas à me faire croire, alors, ma foi, alors — après tout je n'y étais pour rien, n'est-ce pas? — alors je laissai faire, et même, au fond de moi, tout au fond, la pensée me vint que, peut-être, que, sans doute, j'avais rêvé en croyant voir l'agent de liaison, et que certainement j'avais bondi de moi-même au canon comme un coursier généreux.

Je vivais donc en pleine gloire et, déjà, je songeais à troquer les deux étoiles de brigadier pour les trois étoiles de général de division, quand je fus soudain précipité de mon char de triomphateur par une malencontreuse botte de paille...

V

LA BOTTE DE PAILLE

Une botte de paille? Eh! oui pas davantage.

Un soir, je me disposais à me coucher dans ma cagna, en deuxième ligne, quand un soldat de ma section vint me trouver :

— Sergent, une voiture vient d'apporter ici une botte de paille. Paraît que le capitaine de La Source l'enverra chercher demain matin. Quoi que faut en faire? Vous savez qu'y pleut comme vache qui pisse...

— Eh bien! mettez-la dans la tranchée qui n'est pas occupée. Elle sera à l'abri de la pluie.

Et je m'endormis, l'âme tranquille, inconscient des calamités qui allaient fondre sur moi.

Le lendemain matin, j'étais en train d'organiser les corvées habituelles : corvée de bois, corvée de terrassement, corvée de nettoyage, quand deux hommes se présentèrent :

— C'est ici qu'on a déposé une botte de paille pour le capitaine de La Source ?

La botte de paille? Du diable si j'y pensais encore !

Nous cherchons la botte de paille : en vain.

J'appelle l'homme qui l'avait rangée la veille sous la tranchée couverte ; il me montre la place où il l'avait déposée ; des brins de paille épars çà et là lui portaient témoignage ; mais de la botte elle-même, nulle trace.

Sans aucun doute, des soldats l'avaient aperçue en passant et s'étaient empressés de s'en faire cadeau à eux-mêmes pour rendre leur couche plus moelleuse.

— Vous rendrez compte au capitaine, dis-je aux deux messagers, que la botte de paille a été prise, cette nuit, par des inconnus.

Et je n'étais pas ému outre mesure.

Pauvre de moi !

Une demi-heure après survient le capitaine,

pas content du tout. Il paraît que cette paille était de la paille de premier choix, de la paille d'avoine d'une valeur considérable. En ne veillant pas sur elle comme sur la prunelle de mes yeux, je m'étais rendu complice du larcin. (Sursaut d'indignation de ma part.) En tout cas, si on voulait bien écarter le délit de complicité, il n'en restait pas moins établi que, par la négligence dont j'avais fait preuve, je m'étais rendu indigne de commander à des hommes. En conséquence, on m'invitait, si je voulais éviter l'infamante cassation, à faire, à qui de droit, par la voie hiérarchique, une remise volontaire de galons.

Stupéfait, à court de repartie, je promets de rédiger la demande.

— Je l'attends, me dit le capitaine, en me quittant.

Je vais aussitôt trouver le lieutenant Merlin pour lui rendre compte de la conversation et lui demander une feuille de papier réglementaire.

— Ah ! mais non ! proteste le lieutenant. Je ne veux pas qu'on enlève ses galons à mon meilleur sous-officier.

Qu'on me pardonne la naïve exactitude de ce

rapport. Cela ne fait de mal à personne et cela me fait, à moi, tant de plaisir !

— Allez trouver le capitaine de La Source, poursuit le lieutenant et dites-lui que, réflexion faite, vous refusez de rendre volontairement vos galons. S'il passe outre et, s'il décide de vous casser, vous demanderez à parler au colonel ; je vous accompagnerai et nous verrons.

Oh ! le regard que me jeta le capitaine en m'écoutant parler ! Il y avait dans ce regard de la stupeur et de l'indignation devant tant d'inconscience !

— Alors, vous ne vous rendez pas compte, vous refusez de vous rendre compte de la gravité de votre faute ?

Non, je ne m'en rendais pas compte. Je ne le dis pas en propres termes, mais mon attitude et mon regard attestaient que je ne m'en rendais pas compte.

— J'aurai donc le déplaisir de demander votre cassation. Considérez-vous, dès maintenant, comme déchu de votre grade.

M'être élevé, à force de vaillance et de génie, aux premiers rangs de l'armée et retomber brusquement au dernier, cela me sembla dur.

J'essayai cependant d'espérer que le capitaine ne mettrait pas à exécution sa menace.

Vain espoir !

Quelques jours après, on vient me chercher :

— Le colonel demande à vous parler.

— Ça y est ! pensai-je.

Sur ces entrefaites, un de mes caporaux m'accoste :

— Sergent, combien d'hommes faudra-t-il envoyer ce soir à la corvée de bois?

— Je ne suis plus votre sergent, lui dis-je.

Et, laissant le caporal les yeux écarquillés, je m'éloigne.

En arrivant près du poste du colonel, je vois à la porte un groupe formé par le colonel de Malleray le commandant de Bélenet, et le capitaine de La Source.

— Oh ! là ! là ! deux officiers supérieurs et un capitaine ! Mais c'est un vrai conseil de guerre. Que va-t-il advenir de moi, Seigneur?...

Je m'approche. Je prends la position militaire. Je salue. Mais je n'ai pas le temps de remettre la main dans le rang que vers moi trois mains se tendent.

J'hésite. Suis-je le jouet d'un songe? comme on dit dans les tragédies. Mais non, les visages de mes supérieurs sourient, même celui du capitaine, et leur poignée de main m'est bien destinée.

Je me laisse faire sans comprendre, et je m'entends féliciter chaleureusement sur ma vaillance et ma superbe conduite au combat du 1er janvier.

Je pense :

— Allons, bon ; encore la légende !

Et je bredouille une protestation qu'on écoute en hochant des têtes incrédules.

— En tout cas, fais-je, en désespoir de cause, s'il en est qui méritent des éloges en l'affaire, ce sont mes poilus.

Que s'était-il passé, je l'ignore. Le capitaine de La Source, qui était, au fond, le meilleur des hommes, m'avait-il, craignant d'avoir poussé la sévérité trop loin, ménagé cette compensation? Je ne l'ai jamais su.

Ce que je sais seulement, c'est qu'en l'espace de quelques jours, j'allai du grade de sergent à celui de général de brigade ; que, de là, je retombai simple soldat et que, finalement, je me retrouvai sergent comme devant.

Je ne pense pas qu'il y ait, dans l'histoire de la France ni même dans l'histoire de tous les pays, exemple d'une si prodigieuse et si soudaine élévation, suivie d'une chute aussi soudaine et aussi prodigieuse...

VI

COMME IL Y A DIX MILLE ANS

L'hiver vient vite sur les Hauts-de-Meuse et, dès la mi-novembre, la bise gelée qui soufflait des Vosges faisait faire aux guetteurs le gros dos sous la toile de tente drapée en manteau.

C'est dans les derniers jours de novembre, le 19 novembre exactement — date mémorable ! — que l'autorisation nous fut donnée d'allumer des feux.

Quelle joie !

Les pics eurent tôt fait de creuser, dans les parapets, des fours énormes ; les haches s'escrimèrent à travers les chênes et, dès la nuit venue, des brasiers flambèrent dont la tradition était perdue depuis que se sont écroulées les cheminées colossales des châteaux féodaux.

A partir de ce jour béni, des mains, plus attentives que celles des Vestales, veillèrent à ce que ne s'éteignît jamais le feu sacré. Toute la nuit brûlaient les troncs d'arbres et les maîtresses branches ; puis, au petit jour, sur le foyer incandescent, des souches mortes étaient posées qui, se consumant lentement, sans flamme et sans fumée, entretenaient la braise jusqu'à la tombée de l'ombre.

C'était là notre seul luxe. Nous en rêvions, le jour, pendant nos longues stations dans les tranchées, les pieds dans la boue. Réunis le soir autour des feux, nous mêlions la fumée de nos pipes à l'âcre fumée des chênes. Les uns écrivaient penchés vers la lueur tremblotante ; les autres échangeaient leurs idées sur la guerre et refaisaient la carte de l'Europe avec une fantaisie profondément dédaigneuse des atlas et de l'ethnographie...

Des chansons du pays terminaient la soirée.

C'était une vision étrange que celle de ces hommes aux accoutrements bizarres, qu'éclairait seule la danse précipitée des flammes. On se serait cru transporté tout à coup à dix mille ans en arrière, au temps de l'homme des cavernes...

Cette impression, je l'eus une nuit, saisissante comme une hallucination...

Ma compagnie occupait des tranchées, à mi-côte d'une colline. Il neigeait. Emportées par un furieux vent d'est, des rafales de neige, accourues du fond d'une gorge étroite, montaient à l'assaut de nos tranchées, les fouettaient de leurs tourbillons, et disparaissaient dans la nuit avec des hurlements de louves blessées.

Dans la casemate creusée à quelques mètres

C'était une vision étrange... (p. 238).

en arrière de la première ligne, une dizaine d'hommes étaient assis autour d'un feu, en demi-cercle, attendant leur tour de garde.

Le foyer était large, mais peu élevé, et les flammes, tout de suite avalées par la cheminée, n'éclairaient les hommes qu'à demi, laissant leurs bustes dans l'ombre, ainsi que le haut de la casemate.

De leurs souliers et de leurs jambières, plus de trace ; mais des bottes de boue séchée leur montaient à mi-cuisse. Descendues des épaules, les peaux de mouton traînaient à terre, cachant les cartouchières et les bretelles de cuir. Des passe-montagnes boueux, entrés sur les oreilles et tombés jusqu'aux yeux, leur faisaient des crinières. Une barbe hirsute mangeait ce qui restait des joues, et il n'y avait plus d'humain, dans le visage, que les yeux qui luisaient dans l'ombre.

Debout, appuyé contre une paroi, je fumais ma « pipe de guerre ». Mon rêve, se mêlant aux volutes de l'épaisse fumée, allait s'amincissant avec elle, et se volatilisant jusque par delà les limites de la conscience. Je me voyais jeté en pleine préhistoire, aux temps lointains où les hommes se terraient dans les cavernes, s'habillaient de peaux non tannées, et n'avaient de nourriture que la chair des bêtes.

Ces pas lourds, résonnant à la porte, n'étaient-ce pas ceux de la sentinelle chargée par la tribu de signaler l'approche d'un fauve? Qu'attendaient-ils? Tout à l'heure, sans doute, je les verrais se lever, étirer leurs grands corps et partir pour la chasse avec leurs lances de silex et leurs massues...

Ces temps héroïques ne durèrent qu'une partie de l'hiver. L'ordre vint, un jour, de supprimer les feux de bois. Les « marmites » et les haches avaient massacré la forêt de telle sorte qu'il devenait dangereux de pratiquer de nouvelles coupes.

Les cuisiniers seuls gardèrent le droit de prendre du bois pour leurs fourneaux, à condition de s'attaquer uniquement aux arbres abattus par les obus. Il est vrai que les obus sont de merveilleux bûcherons, et qui ne boudent pas à la besogne...

Le coke et le charbon de bois remplacèrent les bûches. Chaque casemate, chaque élément de tranchée, chaque abri eut son brasero.

Le pittoresque y eût perdu, si l'intendance avait pu distribuer à profusion des braseros réglementaires, mais, comme elle ne put y parvenir, les hommes se fabriquèrent des chaufferettes avec des fils de fer entrelacés, des marmites prises aux Boches, et même des casques percés de trous avec de vieilles baïonnettes.

J'avais une de ces chaufferettes originales.

Un bandit de grand chemin — que ne puis-je

connaître son nom, pour le livrer à l'exécration des siècles ! — me la vola, et je dus la remplacer par un brasero.

Comme il me déplaît, ce mot de brasero ! Il évoque les grands boulevards, et les soirées d'hiver passées aux terrasses des brasseries, un cigare au bec, devant des soucoupes empilées. Que d'heures gaspillées et que de temps perdu ! Dites, « Poilus », ô mes frères, n'y aura-t-il, après la guerre, rien de changé dans notre vie?

VII

TRANCHÉES LE JOUR

C'est une de nos journées aux tranchées que je vais tâcher de photographier ici, mais une de nos journées telles que je les ai vécues en janvier 1915, journées qui ne ressemblent en rien aux journées d'automne telles que j'ai essayé de vous les dépeindre, ni à celles dont j'aurai à vous entretenir par la suite, ni à celles que d'autres ont connues sur d'autres parties du front.

La vie dans les tranchées varie d'après le pays où l'on se trouve ; d'après la disposition des tranchées ; d'après l'état de la température ; d'après les consignes données par le commandant du bataillon ou le colonel du secteur...

Mais il y a, cependant, une physionomie commune à toutes nos installations souterraines. De plus, l'aspect de l'horizon est sensiblement le même sur une grande partie de notre front, Alsace, Apremont, Hauts-de-Meuse, Argonne : collines légères, couvertes de bois, séparées par des ravins dénudés ou des vallées où coule un mince filet d'eau.

C'est de nos tranchées de l'est que je parle, celles du nord m'étant tout à fait inconnues.

Le jour a paru. On a mangé la soupe et bu le café. On a mis de côté, dans la gamelle, le morceau de viande qui servira au repas du milieu du jour. On a parcouru à la hâte les lettres de la famille apportées par les cuisiniers...

Les chefs de section font relever les petits postes avancés. Puis ils « commandent les corvées ». Un homme par escouade fait la toilette de la tranchée, ramasse les papiers épars, les boîtes de conserves vides, les détritus de toutes sortes. Ces ordures sont portées en arrière, dans quelque trou d'obus, et recouvertes de terre.

Les autres hommes vont au poste du capitaine

chercher pelles et pics. Les uns nettoient les feuillées ; d'autres réparent le parapet d'où les infiltrations d'eau ou la gelée ont fait choir des mottes de terre ou des pierres ; d'autres élargissent, approfondissent ou prolongent tranchées de renfort et boyaux de communication.

Inutile de dire que les créneaux ne demeurent pas, ce temps durant, sans surveillance. A l'extrémité de chaque tranchée, deux guetteurs sont postés. La faction dure pendant la nuit une heure, et le jour deux heures.

Quand il a plu pendant la nuit, une corvée supplémentaire est chargée de l'écoulement des eaux. Munis d'écopes, des hommes rejettent pardessus les parapets l'eau accumulée dans les creux de terrain. Ils aménagent ensuite de nouveaux puisards : trous d'un mètre de profondeur recouverts de rondins, qui absorberont les eaux prochaines.

Ces divers travaux ne sont pas accueillis avec la mauvaise humeur qui accompagne toujours les corvées de la caserne : les hommes sont heureux de remuer, de dégourdir leurs membres ankylosés, de chasser le froid de la nuit. Ils travaillent, la pipe ou le refrain à la bouche, et mettent leur point d'honneur à faire du travail

« fignolé ». Deux équipes différentes comparent volontiers le travail exécuté par chacune d'elles et s'évertuent à prouver, chacune de son côté, que la palme lui revient sans conteste.

A ce propos, cependant, il convient de faire une remarque intéressante. Cette rivalité existait déjà à la caserne, mais entre membres de provinces différentes. Les « Parigots » traitaient avec une condescendance méprisante les provinciaux quels qu'ils fussent. Ceux-ci, ligués par représailles contre les Parisiens, n'en étaient pas pour cela plus d'accord entre eux. Les Tourangeaux s'estimaient nettement supérieurs à leurs voisins les Berrichons ; les Lyonnais n'avaient pas assez de sarcasmes pour la stupidité des Morvandiaux. Quant aux Méridionaux, qu'ils vinssent de Bayonne ou de Marseille, c'était pour eux un motif de stupéfaction sans cesse renouvelé que la pesanteur d'esprit et la balourdise des gens du Nord !

Aux tranchées, rien de pareil. La guerre a parachevé le grand nivellement national commencé par la Révolution. La communauté de dangers courus, de bravoure dépensée, de services rendus, a enlevé aux Français cette idée qu'ils étaient, par le fait de leur naissance en telle ou telle contrée, supérieurs ou inférieurs à leurs compatriotes.

Un parler un peu lent, un patois pas très compréhensible, des manières de se comporter inhabituelles, cela excitait l'hilarité dans une chambrée. Mais aux tranchées, l'héroïsme n'a pas d'accent et la baïonnette parle un langage compréhensible à tous.

La rivalité des provinces a donc fait place à la rivalité des équipes, et comme ces équipes se renouvellent et se mélangent chaque jour, il n'y a, pour le pays, rien à perdre et tout à gagner dans leur émulation.

A onze heures, les outils sont reposés. C'est le repas. Menu : bœuf bouilli et parfois un morceau de gruyère ou une cuillerée de confiture. Mais ces largesses de l'ordinaire sont rares. Heureux qui peut sortir de sa musette un colis reçu du matin, et dont il exhibe à gestes lents le contenu devant ses camarades réunis en cercle.

Les yeux s'allument, les bouches s'entr'ouvrent, les couteaux tremblent dans les mains.

Mais aux tranchées, il n'y a pas d'indifférents, il n'y a pas même de camarades, il n'y a que des frères.

Équitablement et généreusement, les provi-

— Aux armes ! (p. 248).

sions diverses sont partagées entre tous. Un quart de vin les arrose. Les estomacs sont satisfaits.

Chacun se blottit alors dans son petit coin et relit à plaisir, lentement et goulûment, la lettre du matin. Plus d'une fois cette lecture s'accompagne d'une larme qui, de la joue, coule sur le papier. On a honte, on jette un regard de côté sur le camarade, mais le camarade, toujours, feint de ne rien voir...

— Aux armes !

Ce cri, jeté par une des sentinelles, précipite tous les hommes sur leurs fusils.

On court aux créneaux.

De la tranchée adverse, les Boches sont sortis en nombre. Sans doute au courant de nos habitudes, ont-ils espéré nous surprendre pendant les deux heures de repos accordées aux hommes au milieu du jour.

La fusillade qui les accueille les détrompe bien vite, et ils se hâtent de rentrer dans leurs trous.

A peine remis de l'alerte, les hommes s'asseoient à leur place et goûtent un sommeil bien gagné.

Ils ne se réveillent que pour prendre la garde, quand vient leur tour, ou pour quelque corvée imprévue.

Puis, les cuisiniers arrivent.

VIII

TRANCHÉES LA NUIT

Il est cinq heures du soir. Les cuisiniers sont repartis avec leurs marmites vides. Le dernier quart de vin est avalé, les pipes sont allumées...

Le commandant de compagnie, qui observait l'horizon, guettant le crépuscule, a envoyé les agents de liaison à chaque chef de section pour dire que l'heure du service de nuit est venue.

Chacun, aussitôt, s'affaire.

A angle droit avec la tranchée, monte vers les ouvrages ennemis une sape que creuse le génie. Pendant le jour, cette sape est veillée par six hommes et un caporal. Ces six hommes, joints aux sapeurs qui gardent toujours leur fusil à portée de la main, suffisaient à assurer la surveillance. Mais, la nuit, les sapeurs s'en vont.

Aussi renforce-t-on la garde par dix hommes nouveaux, commandés par un sergent. Celui-ci place ses sentinelles,deux à l'extrémité de la sape, deux un peu en arrière, et deux à mi-chemin entre son petit poste et notre tranchée, afin d'assurer la liaison en cas d'attaque.

Dans la tranchée même, les sentinelles sont doublées, triplées ou quadruplées, selon l'effectif dont dispose la compagnie. Le principe est qu'un homme sur deux doit monter la garde. Pendant que les uns se tiennent debout aux créneaux, les yeux fixés sur la plaine qui se trouve devant eux, les autres restent assis, le fusil entre les jambes, leur couverture sur la tête. Personne ne doit dormir, mais l'officier de ronde ferme les yeux s'il voit, par-ci, par-là, un homme assoupi ; l'important est que les sentinelles fassent bonne garde.

Par contre, aucun ronflement n'est toléré. Les bruits s'entendent de loin, la nuit, quand le silence est profond, et un éclaireur ennemi qui réussirait à s'approcher d'un peu près de nos lignes ne manquerait pas d'entendre le ronfleur.

A chaque heure de nuit, une ronde passe. On perçoit dans le boyau un bruit de pas assourdis; puis, soudain, la toile de tente qui ferme la tranchée de chaque côté, pour la protéger des courants d'air, s'écarte, et la lampe électrique de l'officier ou du sous-officier de ronde illumine, le temps d'un éclair, tous les hommes présents. Un coup d'œil suffit pour s'assurer que chacun est à sa place.

Jamais, peut-on dire, aucune observation n'est à faire. Les hommes connaissent trop l'importance de leurs consignes, ils savent trop que la moindre négligence de leur part pourrait exposer leurs camarades et eux-mêmes à une surprise ennemie.

Par les nuits sans lune, les yeux deviennent inutiles. A mesure que tombe l'obscurité, la plaine se rétrécit, les accidents du sol disparaissent et un mur d'ombre se dresse juste devant les créneaux.

C'est à l'oreille que revient alors le soin de monter la garde, c'est à elle de noter les bruits suspects et de donner l'éveil.

Qu'un de ces bruits se produise et la sentinelle envoie aussitôt prévenir le chef de section. C'est à celui-ci de décider, d'après le rapport qui lui est fait, d'après les témoignages des autres sentinelles, si ce bruit est négligeable — branche qui tombe, lapin qui passe, oiseau de nuit qui volète — ou si, au contraire, il y a lieu d'envoyer en avant une patrouille.

Chaque nuit, même si rien d'insolite ne se produit, une patrouille au moins va inspecter le terrain devant la tranchée, s'assurer que les fils de fer n'ont pas été coupés, que les chevaux de frise et les anses de panier (ouvrages de défense en fils barbelés) sont bien à leur place.

Ces patrouilles sont commandées par un sous-officier. Les deux ou trois hommes qui l'accompagnent sont des volontaires, presque toujours les mêmes. En général, les meilleurs patrouilleurs se recrutent parmi les contrebandiers et les braconniers. Nul ne sait comme eux ramper à terre, avan-

Nul ne sait comme eux ramper à terre... (p. 252).

cer en silence, distinguer parmi les bruits qui se produisent ceux qui présentent un caractère inquiétant.

Ces qualités sont particulièrement appréciées quand il s'agit d'aller, soit tendre des réseaux de fils de fer assez loin, soit reconnaître une tranchée ennemie. C'est alors qu'il faut savoir glisser comme une couleuvre, écarter de la main la branche morte que le pied briserait, éviter de remuer les coudrières, lesquelles, l'homme passé, claqueraient contre les arbres.

La nuit coule ainsi, le plus souvent sans incident. Les guetteurs sont prévenus du secteur que parcourra la patrouille, afin qu'ils s'abstiennent de tirer tant qu'elle ne sera pas revenue.

Sur les autres versants, on brûle de temps en temps une cartouche, histoire de trouver la faction moins longue et de montrer à l'ennemi que s'il s'avance il trouvera à qui parler.

A mesure que les heures succèdent aux heures, la tâche devient plus dure. Le froid monte des pieds jusqu'aux jambes. Parfois la pluie tombe, traverse les clayonnages qui recouvrent la tranchée et s'abat sur les épaules en gouttes de plus en plus précipitées. Et puis la fatigue se fait impérieuse. Il faut lutter à la fois contre le froid et le besoin de sommeil...

Cependant l'obscurité est devenue moins dense. Une mince bande de clarté dessine l'horizon. Les silhouettes des arbres, indécises d'abord, se précisent, s'accusent, se démêlent.

Le mamelon, en face, devient perceptible, puis la colline, à droite, puis la tranchée ennemie...

C'est le jour !

Avec lui apparaissent les cuisiniers chargés de chaque bras et le sac de pain en travers de leur leur dos.

Cette vue agit sur tous comme un coup de fouet. En même temps que les couvertures, sont rejetées à terre toutes les fatigues de la nuit. On n'a plus froid, on n'a plus sommeil. On se précipite sur sa gamelle, on la fait emplir de bonne soupe fumante, on puise dans le seau au café un bon quart de liquide brûlant, on se regarde, on sourit, on plaisante...

Dieu ! que la vie est belle et qu'on est donc bien dans la tranchée !

IX

LE LIEUTENANT TÊTENOIRE

Le 19 janvier, ma compagnie occupait des tranchées de réserve dans le ravin des cuisines. Une attaque contre la crête de la Tête-à-Vache se préparait depuis plusieurs jours et je pensais :

— Pourvu qu'avec ma veine habituelle je ne me trouve pas encore mêlé à cette affaire.

Avec un grand soulagement, j'appris que la

11e compagnie devait mener l'attaque. Le capitaine, M. Potier, un brave entre les braves, avait, à en croire la rumeur publique, réclamé pour ses hommes l'honneur de la première charge. Est-ce exact? Je l'ignore ; il n'y a là du moins rien que de très vraisemblable.

Il y avait à la 11e, avec le capitaine Potier, deux sous-lieutenants, Têtenoire et Boiseau, tous les deux arrivés au front de l'avant-veille.

Têtenoire, enfant de Bourges comme moi, retrouvé à Gray, au 62e territorial, avait demandé en même temps que moi à passer au 95e, mais le dépôt le retint plus longtemps que ne l'eût voulu son impatience.

— Tu es fichu de tuer tous ces cochons de Boches, me dit-il, en me serrant la main quand je partis de Bourges en octobre. Laisse-moi au moins la peau d'un pour m'en faire une blague à tabac !

Paris avait marqué de son empreinte ce Berrichon émigré tout jeune dans la capitale. Pas plus que la cigarette, la plaisanterie ne quittait ses lèvres ; un perpétuel sourire creusait aux coins de sa bouche des sillons indélébiles, et, pour manifester sa mauvaise humeur — si par hasard... — il ne connaissait pas d'autre façon que d'accentuer son sourire.

C'était un de ces heureux caractères qui font autour d'eux la lumière et le soleil. Les hommes qu'il avait amenés du dépôt ne juraient que par lui — après deux jours !

Je rencontrai Têtenoire et Boiseau au coin de ma cagna, le 19 au soir.

— Alors, dis-je à Têtenoire, c'est pour demain ?

— Paraît, mon vieux ; c'est notre cadeau de bienvenue.

— Et... pas d'émotion ?

— Pftt ! des émotions ! tu ne m'as donc pas regardé ? la mort ne voudrait pas d'un vieux tout laid comme moi !

Une seconde, puis :

— Allons, quoi, secoue-toi ! tu ressembles à un hareng saur qui aurait des peines de cœur !

Ces paroles s'adressaient à son camarade Boiseau qui, lui, demeurait taciturne et sombre.

— Je n'ai pas envie de rire, répondit Boiseau ; je sais trop bien ce qui m'attend.

Les pressentiments du malheureux ne le trompaient pas ; il fut, le lendemain, une des premières victimes...

Une grande partie de la nuit, les hommes de la onzième, imitant leurs ancêtres des Gaules, se préparèrent au combat par des chants et des rires.

Ecrites les dernières lettres, les uns jouèrent la manille d'adieux, les autres organisèrent un concert.

Et je pensais en les écoutant — ma cagna touchait aux leurs :

— Aurais-tu à leur place cette liberté d'esprit et ce courage tranquille?... Ils ne font pas de littérature ni de psychologie, eux, ces braves gens à qui, peut-être, en ton for intérieur, tu préfères ton *moi* superbe ; ils ne se posent pas en professeurs de patriotisme, ils ne coupent pas des cheveux en quatre, et ce que peuvent donner leurs sentiments à l'analyse, bien peu leur chaut. Et cependant...

Le 20 au matin, par les boyaux glissants, la colonne monte au plateau. Les places des sections ont été tirées au sort. Les hommes se couchent à plat ventre dans la neige, attendant le signal. Le capitaine Potier parcourt le front entier d'attaque.

L'artillerie commence le feu ; d'abord les grosses pièces de l'étang ; puis les 75 ; puis les 80, et les canons-revolvers.

Soudain, une explosion formidable qui nous fait tressauter, nous autres, dans nos tranchées de réserve : ce sont les pétards que le génie a posés pendant la nuit et qui éclatent, bouleversant les défenses barbelées de l'ennemi.

Le colonel de Bélenet (1) qui, assisté du commandant Barra, suit, d'une tranchée de première ligne, les péripéties du drame, lance une fusée-signal. La première vague part, baïonnette haute, aux cris répétés de : « En avant ! »

Des hommes tombent dès les premiers pas. Une mitrailleuse prend la vague de flanc et fauche la section de gauche presque entière, y compris le sous-lieutenant Boiseau. La section de droite n'a pas un meilleur sort ; les grenades à fusil et les balles la déciment ; le sergent-major qui la commande arrive avec deux hommes seulement aux ouvrages ennemis ; ils sautent à l'intérieur... Que sont-ils devenus?...

Seule, la section du centre atteint sans trop de dommage la tranchée boche, le sergent de Thé en tête ; les occupants sont massacrés.

Précédant la deuxième vague, le capitaine Potier s'élance. Un grand diable de Boche, monté sur le parapet de la deuxième ligne, le met en joue..., il tire et le manque ; une de nos balles jette le Boche à terre.

(1) Le commandant de Bélenet dont il a été parlé plus haut avait été entre temps nommé colonel du régiment.

C'est au tour de la troisième vague dont fait partie Têtenoire :

« — Oui, mon vieux : de la troisième vague, me racontait ensuite Têtenoire ; tu parles d'un filon ! J'aurais préféré la première vague ; au moins si on est tué, on sait à quoi s'en tenir. Tandis qu'à attendre, là, dans son trou, on a beau se raconter des mots d'esprit à soi-même, c'est le diable pour se faire rire. Nous parcourons les trois quarts du chemin sans trop de mal.

» Je pense. Allons, ça va ! ça va même très bien ! Je pourrai retourner à l'assemblée de mon village ! »

Mais, tout à coup, une mitrailleuse boche placée en deuxième ligne, se démasque. Des hommes sont tués ; d'autres blessés :

« — Sale boulot ! que je me dis. Faudra que je demande de l'augmentation à mon patron !...

» Pas plus tôt ceci dit que : Pouf ! me voilà une balle dans l'épaule. Je tombe. Devine sur quoi? sur un tas de fils de fer barbelés, oui, mon vieux ! Comme lit de plumes, c'était réussi !

» Je reste deux secondes à terre, sans bouger, puis je pense :

» Voyons, suis-je mort, oui ou non? Faudrait voir à savoir.

» J'essaye de remuer le bras ; je peux ; parfait ! Donc, je ne suis pas mort. Car je ne sais pas si tu as vu des morts remuer les bras? moi pas.

» Alors, je me dis :

» Y a du bon !

» Et je me mets à genoux pour rattraper les camarades, car tu penses bien que je n'allais pas m'arrêter pour une malheureuse blessure de quatre sous.

» Soudain : bzim ! boum ! voilà deux balles qui rappliquent en plein dans mon individu. Heureusement, mes jumelles se jettent entre les balles et moi et c'est elles qui reçoivent les balles à ma place. Elles sont en marmelade mais je n'ai pas de mal.

» Braves jumelles ! et dire qu'elles n'auront jamais la médaille militaire !

» Je me refiche à plat ventre, il était temps ! Les Boches m'ont vu me lever et ils tirent dans ma direction comme des enragés. Le tronc d'arbre qui me protège en voit de dures !

» Je me dirige à plat ventre vers la tranchée boche, la nôtre maintenant, je suis obligé de côtoyer des blessés et de passer par-dessus des cadavres. Encore un effort : je saute dans la tranchée.

» Le capitaine qui me croyait mort ouvrait de grands yeux. Je lui dis :

— J'ai la couenne imperméable ! (p. 261).

» — Mon capitaine, faut pas vous étonner : j'ai la couenne imperméable ! »

X

LE DÉJEUNER CHAMPÊTRE

Ce fut à peu près vers l'heure du départ de la troisième vague que le lieutenant Merlin me demanda vingt hommes de ma section pour aller porter des cartouches aux combattants. Les vingt hommes partirent avec le sergent Beauvais, et je demeurai en arrière avec le reste de la section, tout heureux d'être laissé en dehors de l'affaire.

Cependant, une fois épuisées les voluptés de la situation, des remords me vinrent. Je rougis en pensant que la plus grande partie de mes hommes couraient des dangers sans moi, et je me décidai à aller les rejoindre.

Ils allaient justement commencer leur troisième voyage.

Les caisses de cartouches se prennent dans le ravin, non loin du poste de secours. Un ahan douloureux pour charger la caisse sur l'épaule, puis en route par le boyau qui monte à pic

Nous croisons en chemin des blessés qui, le visage

barré par l'étoffe blanche ou le bras en écharpe, descendent la colline.

A nos questions anxieuses :

— Quelles nouvelles là-haut? Y a-t-il beaucoup de pertes chez nous?

Les réponses les plus diverses et les plus inattendues nous sont offertes.

Réponses sincères cependant. Chacun ne voit les choses, ne juge les choses que de son petit coin.

Pour qui a progressé de quelques pas dans la direction de l'ennemi, notre offensive est foudroyante ; pour qui a dû reculer de quelques pas, notre défaite est imminente ; pour qui a vu tomber près de lui plusieurs de ses compagnons d'armes, des plus chers, il n'y a plus de vivants au monde.

A mi-côte, des 77 nous arrosent et blessent un brancardier. Nous hâtons le pas. Il est d'observation banale que, pendant les attaques de tranchées, plus on se rapproche de la ligne de feu, moins grands sont les risques.

Mais cela, vrai pour les obus, l'est-il autant pour les balles?

O la fusillade infernale, la plus furieuse, je crois, que j'aie entendue encore ! C'est un véritable océan de balles qui, parti des lignes ennemies, déferle vers nous en vagues crêtées de feu.

Les boyaux trop peu profonds ou entamés par les obus, ne nous offrent qu'une protection dérisoire. Les ricochets nous auréolent. Un de mes hommes est blessé. Un sapeur a la tête percée de part en part.

Tous, nous devrions être jetés à terre, troués comme des passoires par les balles acérées. Comment pouvons-nous coudoyer ces messagères de mort sans qu'elles nous parlent à l'oreille?...

Il ne tombera pas un cheveu de ta tête sans ma permission...

C'est à cette explication surnaturelle que, *volens, nolens*, il faut en définitive recourir, car, avec les armes meurtrières de la guerre actuelle, il ne devrait plus y avoir un seul homme debout, aussi bien chez l'un que chez l'autre adversaire.

Nous avons déposé nos caisses auprès d'un poste de commandement, mais il paraît que ce n'est pas la bonne place. Nous attendons.

Sur ces entrefaites, un sergent que je ne connais pas, se précipite vers moi :

— Vite ! vite ! le commandant t'attend !

— Qui, moi?

— Oui, toi, avec tes hommes. Démarre ! démarre !

— C'est bien pour les cartouches, hein? insistai-je, il n'y a pas d'erreur?

— Mais non, ce n'est pas pour les cartouches : c'est pour renforcer la première ligne...

Je m'en doutais ! un moment d'irréflexion et je me trouvais pris de nouveau dans l'engrenage, tout comme au premier janvier !

— Mon vieux, dis-je au camarade, on m'a déjà fait le coup pour mes étrennes ; si tu veux le recommencer, attends au premier avril.

Le sergent qui m'a regardé d'un peu plus près s'aperçoit de son erreur. Il me quitte précipitamment. Quelques instants après, il repasse, conduisant une section, la bonne cette fois.

Un obus éclate derrière nous : le sergent Beauvais est couvert de terre ; un autre éclate à droite.

— Trois hommes tués d'un coup, me dit un brancardier qui vient de ce côté en courant...

Enfin je puis savoir où déposer mes cartouches ; un agent de liaison, un peu moins affairé que les autres, me donne le renseignement.

Près de la cabane qu'il m'a montrée du doigt, un adjudant se tient, tête nue, couvert de terre, pestant contre un fusil dont la culasse rouillée s'entête à ne pas manœuvrer. Je m'approche :

— Mon adjudant...

— Je donnerais bien dix sous, interrompt-il d'un ton colère, pour connaître le nom de l'enfant de garce à qui appartient ce fusil. Il n'y couperait pas pour la boîte, je vous en fous mon billet !

— Mon adjudant, est-ce bien ici que je dois déposer mes cartouches?

— Au diable, vous et vos cartouches ! tout le monde en apporte ; elles nous embarrassent. Vous feriez mieux d'apporter des canettes...

D'un revers de manche, il essuie la sueur de son front et, son fusil à la main, il se hâte vers la fusillade.

Nos caisses en place, nous redescendons la colline en saluant de la tête les 77 qui tombent dans le ravin.

Je regarde à ma montre : dix heures et demie. Puisqu'ils ont pour le moment assez de cartouches là-haut...

— Mes amis, dis-je, c'est l'heure de déjeuner.

A ces paroles, les visages s'éclairent, les yeux sourient. Le pain est tiré des musettes ainsi que la viande ; les couteaux sont ouverts.

Les uns s'assoient sur les caisses de cartouches ; les autres sur des gabions. D'autres font le cercle autour de la porte du poste de secours et, pour se mettre en appétit sans doute, regardent, tout en mangeant, le docteur Clerc qui, les mains ensanglantées, s'affaire auprès des blessés qu'on lui apporte, ainsi qu'un boucher autour de son étal.

Comme cette halte est la bienvenue et comme ce déjeuner champêtre s'annonce plein de charmes !

On se bat à 200 mètres d'ici, mais c'est derrière la crête.

Il va falloir retourner là-haut, d'accord, mais dans une demi-heure seulement, une heure peut-être. Et d'ici là !...

Des camarades sont tombés près de nous, mais un peu plus tôt, un peu plus tard... et notre tour à nous ne tardera pas beaucoup sans doute.

Ainsi doivent, en leurs cervelles menues, rêver les moucherons quand, l'hirondelle passée, ils continuent leurs danses.

CINQUIÈME PARTIE

LE BOIS-BRÛLÉ

I

LE BOIS-BRULÉ

Tout comme les Boches, qui, guerriers valeureux aux premiers mois de la guerre, s'avérèrent ensuite simples empoisonneurs, l'hiver, sur les Hauts-de-Meuse, après s'être annoncé par des morsures de fauve, ne sut bientôt plus que fienter comme une bête puante.

Hors quelques jours en décembre et quelques jours en janvier, le froid que nous connûmes ne fut pas le froid loyal, tous poils hérissés du gel, mais la froidure de l'humidité sournoise qui monte par les souliers saturés, descend par les épaules transpercées, et tient bientôt, entre les deux crocs de la tenaille, la chair entière, glacée jusqu'aux os, glacée jusqu'au sang, glacée jusqu'à l'âme.

Sensibles surtout nous furent pluie et neige fondue, au secteur accolé contre le mufle de la Tête-à-Vache. Là, souvent, l'eau montait jusqu'à mi-jambe ; nous dormions sur la boue délayée, et nous restions parfois huit jours de suite sans pouvoir remettre nos vêtements à sec.

Cependant la machine humaine est d'un si merveilleux mécanisme que, l'habitude aidant, nous vivions au milieu de cette boue et de cette pourriture comme poissons dans l'eau. Pas plus qu'à l'ordinaire, les toux n'étaient nombreuses, et même les rhumatismes semblaient — ô sacrilège ! — se bien trouver de ce régime.

Ainsi qu'il arrive toujours, nous nous étions attachés à notre coin de misère et ce fut sans enthousiasme que, l'ordre venu, nous quittâmes la Tête-à-Vache pour le Bois-Brûlé.

Si expressif que puisse être ce nom : le Bois-Brûlé, il n'est pas assez sinistre encore. C'est le Bois maudit qu'il faudrait dire ou le Bois d'enfer.

Le Bois-Brûlé se trouve dans la forêt d'Apremont, aux confins de la Woëvre. Il commande au fort de Liouville, à la route de Saint-Mihiel, à la route de Commercy. Son importance stratégique est de premier ordre, car forcées ses dernières futaies, ce serait pour les Allemands, le chemin de l'invasion grand ouvert.

Aussi quel acharnement de leur part à s'en emparer!

Je ne sache pas que nulle part sur la ligne de combat, cet hiver (1), si ce n'est en Argonne, la lutte ait été aussi vive. Le nombre de soldats tombés, de part et d'autre, sur ce front de quelques centaines de mètres, le saura-t-on jamais?

Le sol y est, sans aucune métaphore, pétri de cadavres....

Les stations de chaque bataillon au Bois-Brûlé, duraient huit jours en moyenne.

Nous partons, et plus d'un front pâlit et plus d'un cœur se serre.

Pendant huit jours, il faudra se tenir sur le qui-vive, sans faire de bruit, sans feu, sans dormir presque, observer l'ennemi par des créneaux meurtriers; habituer ses oreilles à l'infernale clameur des obus, des bombes, des grenades, des « bouteilles », qui tombent, tombent, tombent, comme pluie en avril; entendre sans tressaillir les plaintes et les râles des camarades qu'une « marmite » a fauchés tout près de soi; s'assoupir

(1) 1914-1915.

quelques instants, le fusil entre les jambes, et se réveiller soudain, enseveli sous un talus qu'a défoncé une bombe ; recevoir à coups de fusil une charge de Boches et les reconduire ensuite dans leurs tranchées, à coups de baïonnette ; s'emparer d'un ouvrage ennemi par surprise ou par force, puis le perdre, le reprendre et continuer ainsi la sinistre partie de pelote ; ne pas fumer, car le jour, la fumée des cigarettes et des pipes formerait des points de repère pour les grenades et, la nuit, la flamme de l'allumette ou du briquet serait trop apparente ; marcher dans les flaques de sang qui marquettent le sol de la tranchée ; ne pas se laver ; boire à peine, car la fontaine est loin derrière ; manger froid et avec des mains tachées du sang du camarade qu'on a pansé tout à l'heure.

Ce qu'est devenu le Bois-Brûlé, après quatre mois de luttes, on ne peut s'en faire une idée.

Pas un arbre, pas même un arbrisseau qui ne soit tombé au champ d'honneur ou qui n'ait été criblé de blessures. Les uns ont été arrachés d'un seul coup par un obus, et ils gisent étendus, leurs racines en l'air. Les autres sont rasés à un mètre, deux mètres, trois mètres au-dessus du sol. Rarement voit-on d'arbres s'élever à plus de trois mètres.

Des petites branches, il n'y en a plus : les balles les ont toutes coupées.

Même désolation sur le sol : les obus y sont tombés en telle quantité que leurs trous se chevauchent. On dirait la surface d'un lac dont les vagues auraient été brusquement solidifiées. A chaque pas, le pied se heurte à des fusées, à des culots, à des éclats de fonte ou d'acier....

C'est pourtant au Bois-Brûlé que se rattache un de mes plus jolis souvenirs de cet hiver.

Le voici, tel que je l'ai noté sur mon carnet de campagne.

La redoute ennemie est à cinquante mètres de la redoute française. Bombes, grenades et fusils rivalisent à qui jettera par terre le plus grand nombre de morts, à qui réalisera le plus étourdissant vacarme.

Le sol, derrière nous, s'étoile de cinq flaques de sang, car cinq des nôtres sont tombés là tout à l'heure.

Dans la forêt qui nous environne, plus un arbre debout ; quelques troncs brisés demeurent seuls, sans une branche, sans même une parcelle d'écorce, tant les éclats d'obus les ont labourés, tant les balles les ont piqués et troués de leurs dards innombrables.

Chacun se tient à son poste ou vaque à sa consigne : les uns guettent aux créneaux ; les autres tirent aux meurtrières ; les porteurs de cartouches ravitaillent les tireurs ; les terrassiers et les maçons réparent les brèches que font, à chaque instant, les projectiles.

La mort plane au-dessus de la redoute, on entend remuer ses longues ailes noires. Lequel de nous la sinistre bête de proie va-t-elle emporter tout à l'heure?... Soudain, sur une souche de chêne arrachée par un obus, là, tout près, à trois mètres de nos créneaux, un rouge-gorge se pose. Il s'incline comme pour une révérence, agite sa queue, exécute plusieurs fois de suite des demis à droite et des demis à gauche, pour nous faire admirer les magnificences de sa robe ; puis, immobile, la tête penchée de côté et le bec en avant, il nous regarde en ayant l'air de dire :

— Et maintenant?...

On lui jette du pain émietté : il le dédaigne ; un biscuit trempé dans du vin : point ne lui chaut.

A manger, il en a tant qu'il veut dans la forêt. Il n'est pas venu en mendiant, mais en voisin, histoire de faire un brin de causette et de mettre un peu de sérénité sur ces visages qu'il trouve trop graves.

On s'appelle d'un créneau à l'autre ; les hommes

de corvée laissent leurs outils ; un caporal se détache et va prévenir le lieutenant :

— Mon lieutenant, un rouge-gorge !

— Mon lieutenant, un rouge-gorge ! (p. 275).

Bientôt nous sommes une vingtaine à contempler l'oiseau, l'œil aux ouvertures.

Depuis le séjour à Vignot, c'est le premier être vivant — à part les hommes et les Boches — qu'il nous soit permis de voir. Les balles et les obus ont tué ou mis en fuite tous les anciens habitants de la forêt.

Cependant le rouge-gorge s'éploie au soleil, volète de ci de là, revient, s'élève.

Puis soudain, un coup d'aile et le voilà parti.

Ce qu'il cherchait, le doux être, il l'a obtenu : grâce à lui, une quiétude est entrée dans nos yeux, nos visages se sont détendus, nos âmes se sont reposées.

Cher petit rouge-gorge !

II

LE RECORD DE LA TRANCHÉE

On s'est préoccupé cet hiver, dans les journaux, de savoir à qui appartient le record de la tranchée.

Certaines unités se sont glorifiées d'avoir passé dans les tranchées, sans relève, vingt jours, un mois, cinq semaines, cinquante jours.

Et je souris.

Le record de la tranchée, je crois pouvoir l'affirmer, toute vanité mise à part, c'est à moi qu'il revient...

Le temps de ce record fut exactement de douze heures...

Un matin, est-ce en février? est-ce en mars? je vins occuper avec ma section, une tranchée avancée à une vingtaine de mètres de la ligne ennemie. Notre faction ne devait durer que vingt-quatre heures.

Comme je m'étonnais de la longueur de l'ouvrage qui m'était donné à garder avec mes quarante hommes, le lieutenant me prit à part :

— Je vais vous expliquer la situation. Il faut que vous la connaissiez pour n'être pas surpris par les événements. Percevez-vous, sous vos pieds, ces coups intermittents?... Nous savons que l'ennemi a creusé une sape sous la tranchée que vous occupez Où aboutit-elle? Voilà ce que le génie n'a pu découvrir...

— Alors? demandai-je, comme il s'arrêtait de parler.

— Alors, dame, sera-ce pour aujourd'hui? ou pour demain? ou pour après-demain?... Mais moins il y aura d'hommes en ligne...

— Et moins il en sautera en l'air, achevai-je, comme il s'arrêtait encore.

Je vous fais grâce des réflexions qui, à partir de la révélation du lieutenant, bouillonnèrent dans ma tête. Il y en eut pour emplir une vie entière, et ce que je dis là doit s'entendre au pied de la lettre,

Nous savons que l'ennemi a creusé une sape sous la tranchée... (p. 277).

toute vanité de conteur mise à part, et toute littérature.

Le temps n'existe que par les sensations qui le

manifestent. Pour la Belle au bois dormant, mise hors du mouvement et de la pensée, les cent années de son sommeil coulèrent comme une goutte d'eau sur une feuille de lierre. Il y a, par contre, des instants qui, littéralement, s'éternisent, et courante est l'expression : « Je vécus là une heure qui me parut un siècle. »

Je me souviens et je me souviendrai toujours d'un cauchemar qui vint hanter une de mes nuits de fièvre au cours d'une grave maladie que je fis aux environs de la vingtième année, à la caserne. Je me vis partant pour la guerre avec mon régiment. Je pris part à des combats, à des batailles. Une balle me brisa la jambe. Je fus fait prisonnier et conduit dans une tour. On m'entoura le corps d'une lourde chaîne fixée au mur. La lumière ne parvenait que par une lucarne ouverte dans le toit ; il faisait humide, il faisait froid. Je ne pouvais ni me coucher ni me mettre debout à cause de la chaîne.

Des jours passèrent, puis des semaines ; des années. Au commencement, je pensais : « Est-ce qu'on ne va pas venir me délivrer? La guerre doit être finie pourtant ! » Puis, résigné, je n'avais plus qu'un espoir : « Si je pouvais bientôt mourir ! »

Et les années, toujours, succédaient aux années. Je savais, sans le voir, que mes cheveux étaient blancs, mon visage ridé, mes membres ratatinés, que j'étais devenu un vieillard.

Je vécus en une seule nuit, toute une longue vie d'homme !

Quand je me réveillai le matin, dans mon lit d'hôpital, je fus stupéfait au spectacle de la salle claire, des lits blancs, des religieuses penchées au-dessus de mon front ruisselant de fièvre. Je ne comprenais pas.

— Où vous êtes, mon enfant? me répondit une vieille sœur, mais ici, avec nous, à l'hôpital ; vous savez bien...

Mais non, je ne savais pas ; je ne pouvais pas oublier en un instant une vie tout entière. Je me débattais contre mon cauchemar.

— Pourquoi m'a-t-on enlevé de la tour? ce n'était pas la peine de m'enlever de la tour, puisque je suis un vieux et que je vais mourir !...

Ce fut un cauchemar d'une intensité pareille qui prit possession de moi dans la tranchée minée.

Les émotions d'une longue suite d'années me visitèrent en quelques heures. Elles s'abattaient sur moi par bandes, fouillaient mon cœur de leurs becs de proie, mettaient mes nerfs à nu, se repaissaient de ma chair et repartaient gavées, laissant la place à d'autres.

Ce qui ajoutait à ma torture, c'est que je devais garder intact mon secret pour ne pas jeter la panique parmi les hommes. La douceur m'était refusée d'une confidence.

Toute la matinée — notre faction avait commencé à six heures — j'entendis les coups sourds ; je les comptais, je notais aux secondes de ma montre, l'intervalle qui les séparait l'un de l'autre. Je me disais : « Avant que cette petite aiguille ait achevé son tour, je serai peut-être dans l'éternité. »

La mort, je l'avais déjà regardée en face de nombreuses fois depuis le début de la guerre, mais c'était une ennemie loyale, aux yeux largement ouverts, et non une conspiratrice sournoise qui se dérobe et cache aux plis de son manteau la cruauté de son visage.

Je voulus prier, mais au lieu de s'élancer vers le ciel, mes prières, aussitôt libérées, se laissaient choir au sol de tout leur poids. Les coups qui sous mes pieds retentissaient, c'était cela que je comptais aux grains de mon rosaire.

Après quatre heures de cette torture, je n'y tins plus. Je me dirigeai vers la casemate du lieutenant, et, tout en marchant, je préparai mon discours : « Mon lieutenant, vous auriez dû me laisser dans l'ignorance. Ma situation est intolérable. Rester vingt heures encore avec cette menace de toutes les secondes, dépasse mes forces. Faites-moi relever par un camarade, je vous en supplie ! »

J'entre dans la casemate, je salue.

— Eh bien ! mon ami, qu'y a-t-il ?

— Mon lieutenant, j'ai grand soif et mon bidon est vide... S'il vous restait un peu de café de ce matin...

Au moment de parler, j'avais eu honte de ma démarche !

Le café bu, — et il avait été le bienvenu, car j'avais la gorge desséchée et mon bidon était vide, c'était bien exact, — je retournai parmi mes hommes.

— Vous entendez, sergent, ces coups sous nos pieds ? me demanda l'un d'eux.

Si je les entendais !

Vers onze heures, le bruit cessa et ce silence me fut plus pénible encore. Je m'enfermai dans ma cahute, sous le parados et, m'étendant de mon long, je collai mon oreille au sol : silence absolu. J'en conclus que les préparatifs étaient terminés et que l'explosion ne tarderait plus longtemps.

Je fus confirmé dans cette impression par le regard étrange que jeta de notre côté un Boche couvert de terre qui, sur le coup de midi, passa son buste par-dessus le parapet de sa tranchée. L'apparition ne dura que deux secondes, mais je lus clairement, — ou crus lire, — dans les yeux du sapeur ennemi, une satanique expression de triomphe et de cruauté.

La soirée se traîna comme un ver parti pour faire le tour du monde.

Mon cœur, dans la même minute, précipitait ses pulsations ou les ralentissait comme s'il allait s'arrêter de battre. Mon sang, tour à tour, brûlait ou glaçait mes veines. Ma bouche était amère, mes yeux douloureux, ma respiration oppressée.

Quand je passais derrière les guetteurs pour quelque ronde, je recueillais de chacun des exclamations apitoyées et jamais semblables :

— Comme vous êtes pâle !

— Comme vous êtes congestionné !

— Comme vous êtes jaune !

Les cuisiniers apportèrent la soupe du soir ; une unique cuillerée apaisa ma faim, mais je bus coup sur coup deux quarts de café brûlant et deux quarts d'eau glacée. Les cuisiniers repartirent. Il était six heures. Encore douze heures pareilles aux douze heures qui venaient de s'écouler, plus terribles même à cause de ma fatigue et de mon épuisement.

Dieu eut pitié de moi.

Comme je sortais d'une nouvelle conférence avec le lieutenant, un homme de la section m'aborda, brave garçon que j'estimais pour son courage et que je raillais amicalement pour son langage choisi.

— Vous savez la nouvelle? me demanda-t-il. Nous dansons sur un volcan, et vous ne pourrez pas, cette fois, me reprocher mon image. Le sol est miné sous nos pieds !

— Chut ! lui dis-je en montrant plusieurs soldats qui pouvaient nous entendre. Pas devant eux !

— Eux? mais ils le savent ! Tout le monde à la section est au courant. C'est le planton du colonel qui vient de nous renseigner. Mais rassurez-vous ; les âmes sont à la hauteur des circonstances.

Oh ! oui, elles étaient à la hauteur des circonstances, les âmes ! Quand, à nouveau, je fis le tour de la tranchée, je ne recueillis que des plaisanteries. Elles étaient plus ou moins spirituelles, évidemment, mais toutes égales par la bonne volonté. On voulait montrer qu'« on était un peu là ».

— Moi, j'avais toujours rêvé d'être aviateur

pour me promener en l'air comme un oiseau. Les Boches vont me donner ce plaisir.

— Moi, tout ce que je demande, c'est de monter

On voulait montrer qu'on était un peu là !... (p. 284).

assez haut pour retomber en plein sur le nez des Boches.

— Moi, je suis trop gras. La poudre boche ne sera pas assez forte pour me soulever...

Et voilà l'effet que cela leur faisait, à eux, la perspective de sentir la terre voler en éclats sous leurs pieds ! J'eus là une des plus grandes humiliations de ma campagne.

Cette humiliation s'accentua encore quand je pus constater, dans la dernière partie de notre veille, que l'attente d'un éparpillement en mille petits morceaux n'avait rien de particulièrement redoutable.

Mais si on tient mon courage en piètre estime, on ne me refusera pas, je pense, le record de la tranchée.

C'est une consolation.

J'ajoute, pour terminer l'histoire que notre garde s'acheva sans encombre. L'explosion attendue ne se produisit que quelques jours plus tard.

III

CIMETIÈRES DE CAMPAGNE

Nos morts sont maintenant enlevés de la ligne de feu et ensevelis dans des cimetières attenants aux villages de l'arrière. L'entretien des tombes est ainsi plus facile et plus facile le salut que les soldats tiennent à adresser à leurs camarades, chaque fois que les circonstances le permettent.

Mais, dans les premiers jours de la guerre, il n'en allait pas de même : la multiplicité des attaques et les dangers de circulation à travers des boyaux étroits, à peine creusés, deux raisons entre dix autres qui nécessitèrent la création de cimetières tout près des lignes.

C'est au Bois-Brûlé que j'ai, pour la première fois, vécu dans l'intimité d'un cimetière de campagne.

J'en avais déjà vu plusieurs, mais dissimulés, ou dans des bouquets d'arbres, ou derrière des replis de terrain, ou loin des tranchées de passage.

Au Bois-Brûlé, le cimetière fait partie des ouvrages, tout comme le poste de secours ou les abris de commandement. L'éminence, en haut de laquelle il se dresse est, de chaque boyau, visible, et nous ne pouvions circuler d'une ligne à l'autre sans contempler ses croix graves et recueillies.

La tranchée ennemie se trouve à 200 mètres à peine. Les tombes sont-elles donc à la merci d'un coup de main? Non pas ! car elles constituent un rempart et elle m'a frappé par son symbole, cette anecdote que m'a contée je ne sais plus qui :

Une compagnie recule devant des forces allemandes supérieures en nombre. Un officier s'efforce vainement d'arrêter la déroute et, en désespoir de cause, il s'écrie en montrant le cimetière :

— Et ceux-là, vous allez les laisser aussi !

Et les hommes s'arrêtent et ils repoussent l'assaillant.

Tous ces cimetières ont une physionomie commune : sur chaque tombe une croix avec un nom marqué au fer rouge à même le bois ou gravé sur une plaque de tôle. Des pierres d'égale grosseur bordent les tumulus. Les fleurs du printemps ou de l'été, cueillies à la faveur de l'aube, viennent exhaler là leur âme odorante. Et l'hiver, de jeunes sapins, arrachés dans la forêt et transplantés sur les tombes, marquent, par leur verdeur persistante, la force de notre persistant souvenir...

O mères, ô filles, ô fiancées, ô veuves, pardonnez-moi ce blasphème. Mais quel que soit l'amour que vous portiez à vos morts, vous ne sauriez donner à leurs dépouilles plus de soins pieux que ceux dont nous les entourons nous-mêmes...

« X..., mort glorieusement à l'attaque du... » « X..., tombé le..., en défendant sa tranchée. » « X... tué en s'emparant d'un ouvrage ennemi. » Toutes les inscriptions se ressemblent. Et comment différencier des héroïsmes qui, tous, ont leur fondement sur l'amour de la patrie et le mépris du danger ?

Parfois, cependant, des emblèmes rompent la monotonie du décor. C'est un képi criblé de balles qui coiffe une croix ; c'est un éclat d'obus posé au milieu du tumulus (l'éclat sans doute qui a frappé celui qui est là ?...) ; c'est une couronne, achetée à la ville voisine, ou une plaque émaillée, dont la piété d'un frère, d'un parent, d'un ami voisin de combat du disparu, a tenu à faire hommage à celui qu'il aimait.

Quels sont les sentiments qu'éveille le côtoiement quotidien des morts? Il faudrait, pour répondre à cette question, avoir la clé des âmes. J'ai cru remarquer toutefois plus de colère que de mélancolie dans les regards jetés sur les cimetières. Pleurer les morts? geste vain et sans portée; mieux vaut songer à les venger.

Pour moi, quand je contemple la longue théorie de mes années perdues dans une agitation vaine, quand je réfléchis à tout ce que j'aurais pu être et que je n'ai pas été, je ne puis m'empêcher de jalouser les morts.

Ils sont tombés dans l'exaltation d'un combat et les voici qui s'offrent, glorieux et purs, à l'affection et à l'admiration de tout un peuple.

Il n'est pas de méditation plus salutaire que celle qui se déroule, au son du canon proche, par devant un cimetière de campagne, et c'est là, en communion avec ceux qui me regardent, que j'aime, la nuit tombante, à me recueillir.

De ces cimetières, il y en a cependant près desquels je ne puis passer sans détourner la tête. Non, vraiment, je ne saurais fixer mes yeux sur les croix qui se dressent là.

Ce sont les croix qui abritent ceux que j'ai connus, ceux que j'ai aimés, et qui, vivants et souriants un matin d'attaque, n'étaient plus, le soir venu, qu'une masse inerte et sanglante.

O hypocrisie d'un cœur qui s'enorgueillit de ne pas craindre la mort et qui, superbe et dédaigneux loin d'elle, devient haletant et frémissant chaque fois que ses ailes le frôlent !

Si seulement je savais où ils se trouvent, tous mes disparus, et si, m'armant de courage, je pouvais accomplir mon lugubre pèlerinage jusqu'au bout ! Mais non, il y a des tombes anonymes, et si je voulais rassembler tous mes morts, combien de manquants à l'appel !

Des tombes anonymes? Hélas ! oui. Et l'on me comprendra, je pense, sans que j'insiste davantage.

Mais, ô mères, ô filles, ô veuves, ô fiancées, qu'importe? Sur la terre une seule France et dans le ciel un seul Dieu.

Un seul amour.

Les tombes sans nom sont les plus glorieuses. Ceux qui reposent là avaient donné leur vie. Ce n'étaient pas assez : ils ont donné leur dépouille. Dans leur furieux amour de la France ils n'ont pas voulu qu'on les sépare d'elle ; ils se sont incorporés à elle et, pour les retrouver, il faudrait fouiller et retourner toute la terre française.

Si je dois tomber à mon tour, qu'on n'embusque pas mon cadavre à l'arrière : cela est ma volonté.

Je veux reposer à côté de mes gars dans un des cimetières de campagne de la grande forêt. Une croix sur ma tombe : la croix de l'espérance, mais pas de nom.

Je veux être un de ces morts anonymes sur la tombe de qui pourront s'agenouiller, prier et pleurer toutes les robes de deuil.

Et toi, mon Dieu, bénis toutes les tombes.

IV

LE CAPORAL HATTON

Nos journées de réserve se passaient, l'ai-je dit, à compléter les ouvrages de défense du Bois-

Brûlé ; nos journées et nos nuits même, — car pour fortifier certains points, visibles des observatoires ennemis, on ne pouvait travailler qu'à la nuit noire.

Presque toujours la neige ou la pluie venait nous imposer sa compagnie importune. Nous travaillions alors, encapuchonnés dans nos toiles de tente, semblables à des moines en train de creuser leurs tombeaux.

De nos cagnas à nos chantiers, le chemin, allongé par le serpentement des boyaux, s'étendait sur près de deux kilomètres. Ceux qui ont pratiqué les tranchées comprendront ce que signifie une marche, la nuit, le long de deux kilomètres de boyaux. On se cogne l'épaule aux pare-éclats, on s'accroche aux racines, le pied bute contre une pierre ou s'enfonce dans une flaque d'eau, le front se bossèle à toutes les traverses.

De place en place, un 105 a heurté le parapet et comblé le boyau d'un amoncellement de terre ; un arbre, fauché par la serpe d'un 150, s'est planté au beau milieu du passage.

Parfois une troupe s'en vient en sens contraire avec des planches, des gabions, des sacs de grenades ou de cartouches. Il faut alors se hisser par-dessus le talus pour laisser libre le chemin, et quand la pluie tombe et que la même opération se répète à plusieurs reprises, on se trouve entouré bientôt d'une gaine de boue qui ne laisse visible aucune parcelle de la vêture.

Cette existence, si terne et triste à qui l'entend conter, elle coulait pour nous sans regret et sans plainte. A travers la pluie et la tâche fatigante, nous apercevions le bon repos, à la rentrée, dans la cagna hospitalière. Un quignon de pain sec, assaisonné d'un gros morceau d'appétit, une tasse de thé bien chaud, une large flambée de bûches de chêne, et voilà les fatigues oubliées, les visages détendus, les cœurs heureux de vivre.

Souvent, au retour d'une de ces corvées nocturnes sous un ciel inclément, je contemplais avec attendrissement mes hommes et, songeant à la vaillance déployée par eux devant la mort au cours des attaques et des bombardements, à leur indomptable bonne humeur devant les intempéries et le travail monotone, je me plaisais à m'imaginer quels rudes hommes le pays allait avoir en eux après la guerre.

Pourtant, le croiriez-vous? Parmi ces soldats que j'avais vus au feu si superbes, il se trouvait un antipatriote, le caporal Hatton, celui-là même dont à deux reprises je vous ai vanté la bravoure.

Hatton était typographe de son métier et, comme beaucoup d'ouvriers, avant la guerre, il estimait inconciliables le syndicat et la patrie.

C'est là une opinion que les Allemands, de passage chez nous, déclaraient appuyée sur la philosophie la plus scientifique...

Hatton peut se vanter d'avoir occupé ma pensée plus souvent qu'à son tour.

— Mon cher Hatton, lui disais-je, après quelqu'une de ses sorties habituelles contre la patrie, vous vous excitez bien à tort : nous ne serons pas dupes. Quand je vous entendis parler, les premières fois, l'impression fut déplorable, je ne vous le cacherai pas. A plusieurs reprises même, je me demandai s'il n'était pas de mon devoir de vous faire enlever des galons qui vous permettaient de répandre plus facilement des doctrines funestes...

— Cela m'est bien égal, interrompait Hatton, d'être ou non cabot !

— Non, cela ne vous est pas égal, et quand on vous nommera sergent, — ce qui arrivera bientôt, je l'espère, — vous serez le premier à vous adresser des félicitations chaleureuses. Mauvaise tête et bon cœur, la définition classique vous va comme à nul autre.

— On n'a qu'une peau, rétorquait Hatton,

et si je perds ma peau, il ne me restera rien.

— Vous êtes trop intelligent pour que je perde mon temps à réfuter ce sophisme. Il y a des choses préférables à la vie. Pire que la mort est la vie sans honneur, et la vie sans liberté, et la vie sans amour. Mais vous le savez bien. Si vous avez encore vos galons rouges et si bientôt vous aurez des galons dorés, c'est parce que je vous ai vu à l'œuvre, le 25 novembre, le 1er janvier, et chaque fois qu'a craché la mitraille...

— J'ai fait comme tout le monde.

— Non, vous n'avez pas fait comme tout le monde, mais je l'ai bien remarqué déjà : vous avez honte de votre courage, vous vous en voulez de bien vous battre ; cela vous semble une déchéance ! Vous n'avez pas fait comme tout le monde, car tout le monde a été brave ces jours-là, mais vous seul êtes resté souriant.

« Vous avez plutôt un sale caractère, mon cher Hatton, et les paroles qui sortent habituellement de votre bouche... mais passons. Or, les jours d'attaque et de crapouillottage, le sourire s'incruste à vos lèvres et demeure là jusqu'à la fin. Par exemple, vous vous rattrapez bien, l'affaire terminée. Qu'est-ce qu'ils prennent, vos malheureux poilus !

Éclat de rire général. Et Hatton, mi-content, mi-fâché :

— Je suis ce que je suis ; mais vous ne me ferez pas dire que la guerre n'est pas absurde.

— Allez raconter cela à Guillaume ! disais-je alors. Votre réflexion est un exemple parfait de la façon dont raisonnaient beaucoup de vos amis avant la guerre. Idéalistes incorrigibles, ils refusaient d'ouvrir les yeux aux sombres réalités et de ce qu'une chose était bonne, ils en concluaient qu'elle était nécessaire. Hélas ! le printemps est bon, lui aussi, bonne la douce chaleur du soleil, et pourtant nous voici depuis plusieurs semaines, sous un ciel pourri, obligés de patauger, du matin au soir, dans la neige fondue. Vous pouvez tout aussi bien décréter le perpétuel beau temps que la paix perpétuelle : vos deux gestes auront une égale valeur...

Il y a près d'un an que je devisais de la sorte avec le caporal Hatton dans les cagnas du Bois-Brûlé. La guerre a eu sur lui comme sur beaucoup d'autres une influence heureuse. Il est sergent maintenant, la croix de guerre orne sa poitrine.

— Et Hatton, demandai-je récemment à un de ses nouveaux chefs, toujours sombre?

— Sombre, lui? il ne fait que rire du matin au soir !

De cette expérience et d'expériences semblables, il ressort que le séjour aux tranchées n'est pas moins profitable à la santé de l'âme qu'à celle du corps.

V

EN FAMILLE...

Quand ma section n'allait pas en corvée la nuit, on l'occupait, le jour, à approfondir les boyaux des deuxièmes lignes.

Souvent les shrapnels interrompaient notre besogne et nous obligeaient à aller chercher refuge dans les abris. Mais, à de rares exceptions près, ces bombardements restaient inoffensifs : les arbres demeurés debout s'opposaient, de tous leurs troncs mutilés, à l'action des jumelles ennemies et les empêchaient de repérer leur tir.

Le soir, la tâche terminée, nous nous réunissions dans nos cagnas, autour des feux, et nous prolongions, durant plusieurs heures, des veillées qui nous donnaient l'illusion des veillées familiales.

J'aimais ces réunions ; elles me permettaient

d'entrer dans l'intimité de mes hommes ; elles procuraient à mon imagination sans cesse au travail une détente salutaire.

Chacun prenait place à sa fantaisie.

Quelques dormeurs acharnés s'étendaient sur la couche de feuilles sèches, sitôt bu leur quart de café, et ronflaient à poings fermés jusqu'au lendemain matin.

Des joueurs de manille se groupaient autour d'une bougie, à laquelle un pieu enfoncé dans le sol servait de chandelier.

L'heureux possesseur d'un journal du jour — *rara avis* — s'attablait à son festin avec une mine gourmande et dévorait les quatre pages depuis la première ligne du titre jusqu'à la dernière ligne des annonces, indifférent aux regards affamés qui suivaient la lecture interminable, attendant leur tour de pâtée.

Les autres hommes causaient.

Cette conversation vagabondait ainsi qu'il est d'usage, parfois plaisante, plus souvent sérieuse. La guerre imprime aux esprits une gravité remarquable. On veut savoir pourquoi nous avons dû laisser envahir notre pays ; pourquoi l'ennemi n'a pu poursuivre ses avantages ; quelles raisons raisonnées expliquent et justifient la conviction de notre victoire inéluctable ; quel châtiment sera infligé aux agresseurs pour leur abominable forfait ; quels changements apportera la guerre dans les conditions de la vie française...

Je serai bien trompé, bien déçu, si les préoccupations du pays demeurent après la guerre ce qu'elles étaient avant, si la même frivolité préside à la vie privée et la même insouciance à la vie publique.

Des forces insoupçonnées s'accumulent au cœur des combattants et particulièrement chez les plus jeunes, qui ne sont pas encore cristallisés dans leurs habitudes.

Plus s'allonge l'épreuve, et plus elle est profitable ; il y a là pour l'avenir une réserve de surprises heureuses.

De nos conversations, le thème favori était la famille.

La guerre a resserré jusqu'à la souffrance les liens entre enfants et parents, entre femmes et maris, entre fiancées et fiancés. Un double torrent de lettres se dirige, chaque jour, de l'arrière à l'avant, de l'avant à l'arrière, torrents de feu qui brûlent comme paille rancunes, colères, désillusions, mauvais souvenirs.

Oh ! quel enivrement après la victoire ; comme ils vont flamber d'amour les foyers, et comme elle sera belle, notre France, avec cette flamme d'amour qui l'enveloppera toute !

Sur les femmes et les fiancées, peu de paroles : une pudeur retenait les confidences et les réservait à l'ami le plus intime.

Mais que la conversation arrivât aux enfants (rapide était la pente) et voilà tout aussitôt parties au galop les langues. L'oncle et le père chevauchaient côte à côte, le premier non moins orgueilleux, non moins prolixe.

Thème habituel à ces causeries : le désir d'épargner aux enfants les horreurs vécues par nous, la conviction que notre sacrifice ne serait pas inutile.

Et cette conclusion, toujours la même :

— Qu'importe, si je suis blessé ou si je meurs, pourvu que mes enfants et mes neveux ne voient pas ce que je vois !

Aucune de ces conversations qui ne fût illustrée : à la moindre allusion, au moindre désir, les capotes se déboutonnaient, d'humbles porte-cartes s'ouvraient ou de luxueux portefeuilles, des photographies étaient étalées, qui de main en main passaient.

Chacun les connaissait ces images, trésors d'avares, chacun les connaissait, à force de les contempler, aussi parfaitement que les siennes.

Je savais que dans une grande ville de l'ouest,

une Marcelle de cinq ans s'ornait du plus ravissant sourire qu'il soit donné de contempler à des pères. En Limousin, quelque part, un Léon de trois ans serrait par la main et couvait d'un air protecteur un Jean de dix-huit mois aux grosses jambes trébuchantes. A Bourges, une Marguerite de quatre ans se tenait, tellement jolie, que d'elles-mêmes les lèvres se penchaient vers son visage, tellement sérieuse, si profondément et plaisamment sérieuse, qu'il fallait se mordre avec force la langue pour ne pas l'appeler : « Madame ! »

Et ils te connaissaient de même, les camarades, ô ma Solange.

Ils savaient que ta maman, avant de s'envoler au ciel, s'était dépouillée pour toi du manteau royal de sa douceur, qu'elle t'avait parée de sa grâce, qu'elle t'avait donné l'éclat de son front, la tendresse de sa bouche, la magnificence de ses yeux, et qu'elle avait mis dans ta poitrine son âme, son âme transparente, que jamais ne troubla le mensonge, ni l'envie, ni l'orgueil, ni aucune des misères humaines...

Ma fille...

Parfois, de tous les points de l'horizon accourus, ils venaient, les petits anges évoqués en rêve, ils venaient rendre visite à leurs papas.

Cela se produisait soudain quand, des gorges trop grosses de trop d'émotions amassées, nulle parole ne pouvait plus sortir.

Ils entraient par la porte basse, ou par la cheminée même, ainsi que d'adorables et tout-puissants Noëls.

Ils se glissaient sur nos genoux, ils se pelotonnaient entre nos bras, ils appuyaient contre nos barbes rèches de longues boucles dorées, des joues plus douces que des pétales. Et puis le silence.

Les flammes tombantes du foyer se faisaient nos complices. Et l'on ne voyait plus dans les cagnas d'autres lueurs que le scintillement des prunelles. Et l'on n'entendait plus d'autre bruit que le battement tumultueux des cœurs.

VI

OFFICIERS ET SOLDATS FRANÇAIS

Par un matin triste de mars, alors que de chaque branche tombaient des gouttelettes de brouillard, je résolus d'écrire ces souvenirs.

Était-ce le temps mélancolique ou les bruits d'attaque qui depuis plusieurs jours couraient parmi nous?... De sombres pressentiments autour de moi rôdaient et le terme que j'assignais à mon existence ne dépassait pas les derniers jours du printemps.

J'eus peur de disparaître en ne laissant à ma petite fille — elle avait trois ans alors — ni lettre ni testament moral. Comment connaîtrait-elle plus tard l'âme inquiète et tendre de son papa? comment dégagerait-elle son ombre des ombres de la mort? comment pourrait-elle se chauffer à son amour?...

Il faut, pour juger ces souvenirs, penser qu'ils furent écrits à l'intention de ma fille. De là ces digressions oiseuses ; de là ces confidences qui n'intéressent personne en dehors d'elle.

Je creusai pour mon encrier une niche dans une des parois de ma cagna ; une planchette installée sur mes genoux me servit de pupitre ; une branchette taillée fut mon porte-plume.

Et je me mis à l'œuvre, ma petite Solange assise en face de moi et qui me souriait avec son sourire adorable.

Or, si, la nuit, nous avions licence d'allumer les forges de Vulcain, à condition toutefois d'éteindre du dehors l'éclat de la flamme par nos toiles de tente, il fallait, bien avant l'aube, faire disparaître toute fumée à cause de l'artillerie ennemie.

Le charbon allait, ainsi que de justice, aux premières lignes et sans doute ces souvenirs auraient-ils traîné en route si le colonel de Bélenet qui commandait le régiment depuis janvier et dont la cagna touchait aux nôtres, n'avait enjoint à ses ordonnances de partager avec nous sa provision de coke et de charbon de bois.

« Ce fut, mon colonel, vous en souvient-il? par un matin de neige, que le sergent Péricard s'enhardit à aller frapper à votre porte pour vous demander l'aumône d'un peu de charbon.

» De la hardiesse il lui en fallait, en effet, car, nouveau venu parmi nous, peu connu de vos hommes, vous passiez près d'eux pour un chef juste et brave, mais dur.

» Depuis, la sévérité de votre front s'est atténuée ; vous les avez vus à l'œuvre vos Berrichons, vos Morvandiaux, vos Bourguignons ; vous savez quels francs guerriers cela fait, vos gars, de quels nargue-à-la-mort ils sont capables, et vos yeux, à les regarder, s'adoucissent de tendresse.

» Eux, de leur côté, l'affection que vous leur avez donnée, ils vous la rendent avec usure. Voyez leur salut quand vous passez devant eux et lisez dans leurs regards :

» Mon colonel, vous avez vaincu pour nous la violence de votre sang ; c'est là une victoire plus difficile que les victoires du champ de bataille : nous nous en souviendrons... »

Quand, malgré le brasero, l'humidité qui suintait des claies de ma cagna, ouverte aux quatre vents, m'avait glacé jusqu'à la moelle, je courais me réfugier dans l'abri des officiers, où j'étais certain de trouver, en plus de l'excellent accueil, des cigares, une goutte, un bon feu, un café brûlant.

Ainsi, chacun, du plus élevé au plus humble, contribuait à rendre plus affectueuse et plus intime la grande famille du régiment.

Que les lieutenants Merlin Jacquemont et Saury reçoivent ici l'expression de ma reconnaissance.

De cette bonne volonté, de cette bienveillance, de cette camaraderie, combien d'exemples ne serais-je pas à même de citer ! Je ne puis du moins omettre en ces pages le nom du colonel de Malleret qui commanda la tranche de Tête-à-Vache avant l'arrivée parmi nous du colonel de Bélenet.

Le colonel de Malleret avait toujours ses poches pleines de boîtes de bonbons, de paquets de tabac, de boîtes d'allumettes, de couteaux, de briquets, de papier à cigarettes.

Chaque matin il faisait sa ronde à travers les

tranchées et, tout en inspectant d'un œil attentif les travaux de la veille, il distribuait ses richesses aux poilus rencontrés sur son chemin.

A cette distribution présidait l'impartialité la plus grande ; si le bon soldat recevait un cadeau en récompense de sa bonne conduite, le soldat médiocre recevait également le sien comme encouragement à mieux faire...

Et moi j'eus aussi mon cadeau, un jour, quelque temps après l'affaire du 1er janvier.

Je rencontre le colonel aux environs du poste Aubert. Avec ma capote boueuse, mes cheveux longs, ma barbe longue, mon visage non lavé, je dois jouer assez bien le rôle de miséreux pour portail de cathédrale.

Une pitié brille dans les yeux du colonel ; je le regarde penser ; sans aucun doute il se dit : « Si j'osais, je lui offrirais bien une pièce de quarante sous ! »

Mais soudain un sourire. Il a trouvé !

— Je parie, sergent, me dit-il, qu'un paquet de tabac vous ferait plaisir !

Premier mouvement de fierté ridicule : j'ouvre la bouche pour dire :

— Du tabac ? j'en ai distribué ce matin un paquet à chacun de mes hommes !

Mais il a l'air si heureux de sa trouvaille, le colonel, et c'est d'un ton tellement satisfait qu'il ajoute :

— Vous savez, c'est du tabac fin !

Alors, ma foi, je prends un air ravi, et d'une voix gourmande je m'écrie :

— Oh ! merci, mon colonel !

J'eus le paquet de tabac, enveloppé d'une chaude poignée de main.

Et jamais pipes ne me semblèrent meilleures qu'avec ce tabac-là.

Peut-être se trouvera-t-il à l'arrière quelques bons esprits pour plisser dédaigneusement les lèvres : « Un colonel n'est pas une nourrice ; il a autre chose à faire qu'à distribuer des bonbons et des amusettes... »

Sans doute, sans doute. Mais de ce qu'il cherche à procurer quelques douceurs à ses hommes, cela l'empêche-t-il d'accomplir son métier de colonel? Les soldats français sont trop libres, trop indépendants, trop fiers, pour se donner corps et âme à qui s'impose uniquement par ses galons et par ses connaissances militaires.

Derrière le chef ils veulent sentir l'homme.

Et ne dites pas que l'affection des soldats n'est pas nécessaire à qui peut donner à ces soldats des ordres. Avec un chef qui a leur confiance, les soldats iront jusqu'à la limite des forces humaines. Avec un chef qui, en plus de leur confiance, a su gagner leur amour, ils iront par delà leurs forces.

Le Français est une merveilleuse machine de guerre, mais le ressort le plus puissant de cette machine demeure caché. De là ces jugements sévères — et profondément injustes — portés sur notre armée, par certains étrangers, avant la guerre.

J'entends toujours cet Alsacien qui, un matin de novembre, sur la route de la Louvière, me faisait ses confidences.

Il avait servi deux ans dans l'infanterie allemande, mais, la guerre déclarée, il avait aussitôt franchi la frontière pour s'engager parmi nous.

Il m'expliqua qu'après l'enthousiasme joyeux des premiers jours, il s'était senti pénétrer d'une grande tristesse :

— Je n'aime pourtant pas les sales « Poches », et ma fuite hors d'Allemagne ne m'avait laissé aucun regret Mais votre discipline est tellement. différente de leur discipline à eux ! En voyant le laisser aller des soldats dans leurs petites besognes coutumières, en entendant les remarques dont ils accueillent les ordres de leurs chefs, je m'étais dit :

« Ce n'est pas ça des soldats ; ce n'est pas ça une armée. Au feu, les officiers ne pourront pas arriver à imposer leurs ordres et ce sera la débandade. » Mais je viens de les accompagner au feu, ces insouciants, ces indisciplinés, ces mauvaises têtes. Je les ai vus éparpillés sur la plaine, marchant et bondissant chacun pour son compte et tous, cependant, les yeux fixés sur le capitaine sans en avoir l'air, attentifs à son moindre signal. Je les ai vus ensuite charger avec la furie de vrais diables et s'emparer d'une tranchée dans le temps qu'il faut pour rouler une cigarette... Ah ! les bons, les beaux, les braves soldats ! et comme je suis heureux ! et combien j'ai confiance ! »

VII

LE COMMANDANT DE LAFERRIÈRE

L'attaque, prévue pour les premiers jours de mars, avait été fixée au 7. La mort du commandant de Laferrière la fit reculer d'un jour.

Le commandant de Laferrière avait préparé cette affaire avec le scrupule qu'il apportait à ses moindres actes. Il avait tenu à contrôler de ses propres yeux les renseignements fournis par ses capitaines ; il avait tenu à faire lui-même le plan des défenses ennemies.

A toute heure de la nuit et du jour il appelait l'adjudant de bataillon :

— Debout, Vérouille !

Et il s'en allait, son bâton à la main, le long des boyaux et des tranchées, indifférent à la boue, à la pluie, à la neige, au bombardement même.

Peu de paroles aux hommes rencontrés sur sa route, mais un air de les regarder qui voulait dire :

— Soyez tranquilles, les gars, je suis là !

Grand, robuste, imposant, un peu hautain même à qui l'approchait pour la première fois, il avait plus vite gagné le respect que l'amour. Mais l'amour venait ensuite, d'autant plus fort qu'il lui avait fallu passer par-dessus plus d'obstacles.

Comment cet homme de tendresse et de sacrifice, comment ce grand sentimental pouvait-il forcer son talent jusqu'à donner l'illusion de la sévérité et de la rudesse?

Pour lui sans doute, comme pour beaucoup d'autres, l'explication doit se chercher dans la timidité, cette absurde et attendrissante timidité de l'homme...

Une fois parti pour ses randonnées quotidiennes,

il prenait à tâche de tout voir. Scrupuleux, il prêchait le scrupule :

— Songez, disait-il à ses officiers, que tel petit détail, négligé par vous pour son insignifiance, coûtera peut-être la vie à l'un de vos hommes.

Et pour mieux se rendre compte, il n'hésitait pas à passer le buste par-dessus le parapet, atténuant ainsi les inconvénients de sa myopie par l'avantage d'un champ plus vaste.

Peut-être certains chefs sont-ils tentés de voir dans leur dignité un moyen d'élargir leurs aises, de diluer leurs responsabilités, d'assourdir à leurs oreilles le fracas de la bataille? Peut-être regardent-ils chaque galon nouveau comme un barreau nouveau qu'ils gravissent au-dessus de la boue et du sang des tranchées?...

Pour le commandant de Laferrière, l'honneur de commander à des hommes impliquait la dépense totale de son activité et l'absolu mépris du péril.

Que pendant si longtemps les balles l'aient épargné, cela tient du miracle ! Mais il ne faut pas tenter le ciel et Lazare lui-même n'a été ressuscité qu'une fois.

Le 5 mars, vers trois heures de l'après-midi, le commandant de Laferrière se trouvait dans la tranchée, à son habitude. Un élément d'ouvrage ennemi sollicitait son attention, un peu à gauche de la « Patte-d'Oie ». Que machinaient les Boches de ce côté? Sans relâche on les entendait taper leurs pics, remuer leurs pelles et, sans relâche, ils tiraient des coups de feu à balles retournées, qui faisaient dans nos sacs à terre de larges entailles.

Le commandant se met à un de nos créneaux, créneau meurtrier, de réputation sinistre, par lequel le guetteur ne hasardait que des coups d'œil espacés et furtifs.

Sans se presser, il regarde...

Autour de lui tous tremblent : on sait que sa vue est mauvaise et on sait qu'il n'a pas l'habitude de laisser une tâche à demi accomplie.

L'inspection s'éternise :

— Mon commandant, dit quelqu'un, prenez garde, il y a eu six hommes déjà touchés à ce même créneau !

Pas de réponse.

Les balles retournées s'enfoncent avec un bruit mat dans les sacs à terre ou font voler en éclats les cailloux du parapet.

Le commandant regarde toujours.

Ceux qui sont là détournent les yeux : ils n'ont plus la force de contempler le drame. Il y en a qui grincent des dents. D'autres mâchonnent nerveusement leurs ongles...

Tout à coup un grand cri. On se précipite. Le commandant vient de tomber : une balle l'a frappé en plein front....

L'attaque, ai-je dit, fut reculée d'un jour. Seules y participèrent des fractions des 2e et 3e compagnies : mon bataillon fournit les réserves.

Notre rôle se borna à prendre la tenue d'attaque et à attendre assis dans nos cagnas, le fusil entre les jambes, un ordre qui ne vint pas.

Rien de déprimant comme de demeurer de longues heures dans l'incertitude. Que font les camarades? L'attaque réussit-elle? Cet agent de liaison qui se hâte vers le poste du capitaine, est-ce nous qu'il vient chercher? Pourquoi l'artillerie allonge-t-elle son tir? Pourquoi le raccourcit-elle?...

A ces angoisses s'ajoutent les dangers courus, d'autant plus sensibles qu'ils doivent être subis dans l'immobilité.

Pour les écarts de l'imagination, l'action est le meilleur des garde-fous.

Ce qui montre bien que le rôle des réserves n'est pas du tout une sinécure, c'est qu'une des compagnies du 2e bataillon, la 8e, eut à elle seule plus de tués que les deux compagnies d'attaque. Le champ de bataille forme en effet une zone neutre où se mêlent les éléments de l'un et l'autre parti et que respectent les canons. Ceux-ci tirent en arrière de cette zone, sur les réserves justement, ce que traduisait un jour de cette façon un Morvandiau placé près de moi :

— C'est eux autres qui s' pignent (se battent) et c'est moué qui reçoué les coups !

L'opération ne fut pas de grande envergure. Il s'agissait simplement de rectifier notre ligne en coupant une pointe ennemie de laquelle partait chaque jour et plusieurs fois par jour une averse de grenades.

Après un tir très précis de nos 75, l'attaque se déclenche. Par les quatre boyaux qui nous sont communs avec les Boches, quatre groupes s'élancent par-dessus les barrages de sacs. L'ennemi, interdit par cette brusque irruption, recule d'abord. Il revient sur nous pendant que nous perdons du temps à enlever les chevaux de frise jetés par lui.

Nos hommes sont arrosés de « boîtes de singe » qui font heureusement plus de bruit que de mal.

Notre compagnie de droite opère un simulacre d'attaque qui oblige les Boches à porter leur attention de ce côté. Nos bombardiers rivalisent d'entrain.

A cheval sur le parapet de la tranchée ennemie, le sergent Pétouillat vide sur la tête des « Fritz » sa musette de grenades. Il paie, hélas ! sa témérité d'une balle en plein cœur.

Le sergent Aubrun se démène comme un possédé et fait à lui tout seul autant de bruit et de besogne qu'une section entière.

L'adjudant de la 2e, Durassié, qui tient à justifier sa réputation de « lanceur de poids », n'a pas trop de tous ses hommes pour le ravitailler. Une grenade n'attend pas que l'autre soit tombée.

— Ceux qui ne connaissent pas le principe du nettoyage par le vide, déclare-t-il, n'ont qu'à jeter un œil par ici.

Et bientôt, en effet, les Boches font le vide devant lui : ou tués ou mis en fuite.

Une amusante anecdote qui se rapporte à cette affaire.

Un de nos sergents du génie avait commencé, avant le lever du jour, à barrer avec des sacs à terre un des boyaux conquis par nous. Il s'était mis à plat ventre pour offrir moins de prise aux regards. Derrière lui des sapeurs, à plat ventre également, formaient une ligne jusqu'à notre tranchée. De mains en mains les sacs passaient et le sergent peu à peu élevait son barrage. Le jour vint avant l'achèvement du travail. Le sergent n'y prit pas garde tout d'abord, tant fébrile était sa hâte.

A un moment, cependant, entendant une exclamation étouffée, il jette les yeux par-dessus les sacs.

Et que voit-il?

A quelques mètres de là, un Boche qui, un sac à terre à la main et, devant lui, un barrage auquel il travaillait de son côté, le fixe avec des yeux arrondis.

La stupéfaction du Français n'est pas moindre.

Les deux sapeurs se regardent quelques instants. Que faire? Sauter sur les grenades et voir qui sera maître du champ de bataille? Mais ce n'est pas cela qui avancera la besogne.

Non. Il sera toujours temps de se cogner après. Pour le moment, par une entente tacite, on décide de continuer les barrages.

Hâtivement, de part et d'autre, les sacs sont apportés, le mur s'élève...

Mais le dernier sac en place, quel beau duel à la grenade fit place à la trève !

Ce dut être également pendant cette affaire — mais je ne saurais l'affirmer — qu'on vit les prouesses d'un des artilleurs chargés du service d'un « Louis-Philippe » (1).

Un fantassin, un « pays », un ami d'enfance,

(1) Mortier de tranchées.

presque un frère, avait, au cours d'une conversation, négligemment posé ceci dans la main de l'artilleur :

— Après tout, vous autres artiflots, vous n'êtes jamais que des embusqués !

Fureur de l'artilleur :

— Est-ce que tu t'imagines que nous avons la frousse ! Crois-tu qu'on ne serait pas capable de charger les Boches aussi bien que les sales fantassins !

Eclat de rire ironique de l'ami d'enfance.

Alors l'artilleur fait ce serment solennel :

— La première fois qu'il y a un coup de fourchette par ici (attaque à la baïonnette), je marche le premier !

— Tais-toi donc plutôt que de dire des bêtises. Toi, marcher le premier ? Ah ! là, là !

— Bien sûr que je marcherai le premier, et sans fusil, encore, rien qu'avec un bâton !

— Rien qu'avec ton bâton ! Un artiflot ! un sale artiflot !

Et un nouvel éclat de rire appuie le scepticisme de l'ami d'enfance.

L'artilleur garde pour lui sa rancœur, mais le jour de l'attaque, on le voit sortir de la tranchée à côté des assaillants et bondir à leur tête. Et comme seule arme, ainsi qu'il l'avait juré, un gourdin énorme !

Le camarade qui me rapporta l'aventure ajouta même que l'artilleur trouva le moyen de ramener deux prisonniers. Si vous voulez accepter ce détail pour véridique, je n'y vois pas d'objection. Je crois, quant à moi, que cette fois encore, la légende a brodé sur l'histoire.

La joie du succès fut gâtée par le souvenir du commandant de Laferrière. Cette attaque avait été organisée par lui : pourquoi n'était-il plus là pour recueillir la gloire de ses travaux et de ses peines ?...

Sans l'avoir vu, sinon de très loin, sans lui avoir jamais adressé la parole, je partageais les regrets de mes camarades ; dans un régiment, plus que dans toute assemblée d'hommes, amour et haines sont en commun.

C'est dire le plaisir qu'un an plus tard me causa la venue dans ma propre section du fils aîné du commandant de Laferrière, Jacques, engagé à dix-sept ans, « pour venger son père ».

Il y a de ces mots touchants qui éclairent une âme jusqu'en ses profondeurs.

Le jeune engagé n'est resté près de moi que

soixante jours à peine. Cela lui a suffi pour connaître l'âme des poilus de la grande guerre — il en était ébloui — et pour « prendre la tranchée » dans un de ces secteurs qui sacrent une vaillance.

Il se prépare maintenant dans l'étude à la noble profession paternelle.

Ce que je n'ai pu lui dire avant son départ, je veux le lui dire ici même, et peut-être pourront-ils en faire leur profit, les jeunes poulains de la classe 16 qui, piaffants et frémissants, se préparent à bondir par la vaste steppe?...

« Mon cher enfant, gardez le plus noble héritage de votre père : sa bravoure, mais gardez-vous de sa témérité. La prudence et le courage s'allient très bien : ils forment un ménage très uni.

» Quand le combat sera engagé, ou quand la mission qui vous aura été confiée impliquera le sacrifice de votre vie, oh ! alors allez-y bon jeu, bon argent. Tapez, enfoncez, égratignez, mordez, jetez votre prudence aux orties, riez aux blessures et dites à la mort :« Je me f... de toi ! »

» Mais dans l'existence d'attente que nous donnent les tranchées, la consigne est de tenir, non de se faire tuer. Calmez vos impatiences, réfrénez vos audaces, endiguez l'impétuosité de votre sang.

» Songez à votre mère qui, à chaque heure du jour et de la nuit, vous regarde.

» Et songez à la France, qui a besoin de braves garçons comme vous. »

VIII

LE CAMP TOURET

Entre deux séjours au Bois-Brûlé, ma compagnie fit une courte station au camp Touret, sur les confins de la Woëvre.

Ce camp porte le nom du chef qui commandait le 95e quand éclata le grand coup de tonnerre. Le colonel Touret prit, dans la fièvre de la déclaration guerre, le beau régiment neuf et le mena, par marches forcées, à travers la Lorraine reconquise.

C'est à Sarrebourg, qu'elle eût dû l'atteindre, la balle qui, à quelques jours de là, devait le frapper, et non sur le plateau d'Hortoncourt, en pleine retraite. La défaite était inconnue alors, les Lorrains pleuraient de joie, croyant à la délivrance si longtemps attendue et les vainqueurs, éblouis d'une aussi prompte fortune, voyaient déjà le Rhin loin derrière eux s'enfuir et l'Allemagne entière ainsi que l'arène élastique d'un vaste champ de courses s'ouvrir à leurs bataillons fougueux...

Le camp Touret est établi sur les pentes du plateau qui s'étend entre le village d'Apremont et le Bois-Jura.

Par suite de la dégringolade brusque du terrain en cet endroit, un visiteur venant des tranchées d'Apremont arriverait jusqu'à l'extrême bord du plateau sans apercevoir le camp : il faut avoir le pied sur la descente pour remarquer le village édifié là par des fourmis humaines.

Fourmis humaines, ai-je dit : les habitations, en effet, sont creusées dans le sol et seuls émergent les toits que supportent des chevrons. Regardez ces toits : ils le méritent ; ils portent dans leur simplicité — troncs d'arbres et terre battue — le témoignage du goût affiné de notre race et de son application dans les petites choses ; ces toits sont des œuvres d'art.

Les rondins ont été choisis bien droits, avec une écorce sans défaut. L'intervalle entre chacun d'eux a été mesuré au millimètre. Des planchettes d'inégale grandeur ont fait les chapiteaux. Et voici, à peu de frais, d'imprévues colonnades grecques.

Par-dessus la charpente du toit — tôles et

planches — on a disposé de la terre soigneusement égalisée et contenue sur le devant par un rebord de moellons.

Les plus vieilles de ces habitations sont déjà coiffées de mousses, de lichens et de pieds de graminées. Et cela, je vous assure, est du plus original effet : ces classiques frontons surmontés de toits rustiques.

Le même goût a présidé aux arrangements intérieurs.

Certes, la première impression déçoit. Pour entrer, il faut, une fois les genoux ployés, plier de plus le corps en deux, tant la porte s'aplatit au sol. Puis, cette obscurité froide paraît, à qui vient du grand jour, souverainement désagréable. Mais attendez...

Attendez qu'on allume le lustre, et qu'on tire jusqu'à vous un fauteuil confortable et qu'on fasse pétiller votre quart sous des flots de Saumur !

Tout ici — hors le Saumur — sort des mains des poilus.

La tapisserie des fauteuils est en toile d'emballage et la mousse séchée de la forêt voisine fait fonction de ressorts.

Ce lustre, où brûlent, en l'honneur de l'hôte, treize bougies — le nombre treize étant considéré sur le front comme un porte-bonheur ! — a été édifié avec une vieille souche curieusement tourmentée et des fils de cuivre qui reluisent comme de l'or.

Voici encore des cadres en bois sculpté où trônent Poincaré, Joffre et Guillaume le Boche, ce dernier habillé en orang-outang : hideur et bestialité.

Des porte-manteaux, sculptés également — tout est sculpté ici comme dans une cathédrale ! — sont apposés aux murs. Un râtelier reçoit les pipes brisées, fidèles servantes mortes au champ d'honneur. La pièce maîtresse de ce râtelier est un gros os taillé en forme de pipe et sur lequel on peut lire : « Tibia de Boche ! » Ne frémissez pas cependant : ce tibia de Boche n'est qu'un os de cheval.

Sur des rayons, les harmonicas, les ocarinas, les bombardes, un violon des tranchées attendent les mains et les bouches qui réveilleront leurs âmes endormies.

Sur d'autres rayons s'étage la plus étrange bibliothèque qui se puisse voir. Là, Corneille voisine avec Ponson du Terrail, Homère s'appuie fraternellement sur Xavier de Montépin et un Traité des courbes, tourné de trois quarts, a l'air de faire causette avec un « Manuel du parfait fricoteur ».

Pour les lits, plus de cette paille nauséabonde,

réceptacle à vermine, cauchemar des nuits de cet hiver, mais d'ingénieux hamacs en fil de fer treillagé tendu sur des poutrelles.

De ci de là de judicieuses sentences, tirées — on nous l'affirme du moins — des œuvres des plus grands sages de l'antiquité, sont affichées sur les murs pour l'édification et l'instruction des hôtes et des visiteurs.

Comme tout village qui se respecte, le camp Touret a une église et un château.

Le château — demeure du colonel — est plus grand, plus vaste, plus haut de plafond que les autres logis, mais non pas mieux meublé, et il ne mériterait pas le nom dont on l'honore s'il ne possédait un salon, salon véritable, avec plafond lumineux (un trou ouvert dans le toit) et une galerie de tableaux, œuvre d'un prix de Rome.

Quant à l'église, elle est tout juste assez grande pour contenir l'autel, mais, ses deux portes ouvertes, comme elle se prolonge et s'élargit soudain, avec, par devant, la plate-forme sablée, puis la vallée, puis la colline, puis la forêt, et, au-dessus l'immense vaisseau du ciel ! C'est là qu'il faut venir, âmes tièdes qui bâillez devant le surnaturel ; c'est là qu'il faut entendre la messe pour connaître toute la douceur d'une conversation avec Dieu, alors que devant le camp, à quelque trois cents mètres, canons et fusils tonnent et pétaradent, et que, à gauche, par le défilé qui descend à la route, passent, funèbre procession, les civières grises tachées de rouge...

IX

LES HOTES DES TRANCHÉES

Du camp Touret, ma compagnie allait monter la garde dans les tranchées, à droite du Bois-Brûlé. Une nuit que je déambulais à travers les boyaux en fumant ma pipe, un homme vint me trouver, la voix profondément émue :

— Sergent, venez vite ! Il y a des Boches en face de nos créneaux !

Je me précipite. Arrivé à l'endroit d'où l'observation avait été faite, les guetteurs m'expliquent à voix basse qu'ils ont vu à plusieurs reprises, par les ouvertures des créneaux, des ombres passer. Ils ont bien essayé, en regardant par-dessus le parapet, de surprendre les audacieux, mais la nuit opaque ne l'a pas permis.

Que des Boches se soient glissés jusqu'à nous

pour essayer de surprendre nos conversations, il n'est là rien d'extraordinaire : ce sont là visites que l'on se rend volontiers entre voisins de tranchées par les nuits noires, et ce soir l'obscurité est telle — pas de lune et de la pluie à discrétion — que deux hommes qui se tiennent par la main n'arrivent pas à apercevoir le visage l'un de l'autre. De plus, le parapet forme un talus assez élevé derrière lequel il est facile de se dissimuler. Cependant, je conserve des doutes. Pourquoi parvenus à nos créneaux, les Boches s'amuseraient-ils à passer et repasser de la sorte?

— Avez-vous entendu quelque bruit?

— Aucun, me répond-on.

— Hum !

— Je vais rendre compte de l'incident au lieutenant Saury, dont la cagna est toute proche. Celui-ci partage mon scepticisme. Mais les sentinelles insistent : elles n'ont pas été victimes d'une illusion, elles l'affirment. Le lieutenant Saury décide alors d'envoyer une patrouille pour prendre l'ennemi à revers. De hardis volontaires se présentent. Ils partent.

Nous admirons l'habileté avec laquelle ils rampent sur le sol : aucun bruit... Si, pourtant, on vient d'entendre un cliquetis de baïonnette...

Pourvu que l'alarme ne soit pas donnée à l'ennemi !...

Mais non ; voici de nouveau une des ombres ; cette fois, je l'ai vue distinctement moi-même : pendant une seconde elle a bouché l'orifice entier du créneau. Ces Boches-là ont décidément une fière audace !

Mais rira bien qui rira le dernier. Les patrouilleurs ne doivent pas être loin maintenant...

Justement, voici qu'ils se lèvent, tous ensemble. Ils bondissent, baïonnette en avant vers le parapet, et... mettent en fuite une dizaine d'énormes rats en train de dîner en famille autour d'une boule de pain jetée là !

L'aventure nous plongea dans une hilarité douce et nous lui dûmes de ne plus songer pendant quelques minutes, à nos pieds mouillés...

On n'en est plus à compter les alertes dues aux rats des tranchées. Les bleus surtout, non encore initiés aux mœurs de ces voisins encombrants, ont peine à s'habituer à leurs déconcertantes familiarités.

Il faut dire que les rats des tranchées, bien nourris, pourvus de menus variés, inconnus jusqu'ici à la gent ratière, parviennent à des tailles gigantesques. La vitalité naturelle des rats, qui faisait déjà l'étonnement des physiologistes, est encore accrue et ils résistent à des assauts dont le moindre aurait vite raison des simples mortels (c'est des hommes que je parle).

L'appétit des rats est formidable, leur existence se passe à manger. Jour et nuit, de nuit surtout, dans les rondins qui plafonnent les tranchées ou dans les branchages qui servent d'appui aux parapets, on entend le crissement de leurs dents. Ni le bruit des pas, ni le tumulte de la fusillade n'interrompt leur repas : ils sont aguerris comme de vieux grognards. Plus d'un paie de sa vie sa témérité, et il n'est pas une sentinelle qui n'ait vu rouler à ses pieds un rat tombé du plafond, le ventre troué d'une balle, ou la tête emportée par un éclat.

A part ces visites forcées que leur impose la camarde, les rats se montrent sauvages et peu sociables. Il n'en va pas de même des souris. Elles sont beaucoup moins nombreuses que les rats, mais beaucoup plus familières. Elles ne craignent jamais un brin de causette quand on sait leur montrer un visage sympathique.

Elles vous fixent de leurs petits yeux gris, tout en grignotant quelque croûte, et leur moustache remue au bout de leur museau pointu de la façon la plus drôle du monde....

Tous les hôtes de la tranchée sont nos amis, et même les vers de terre, compagnons silencieux des longues heures de veille.

Par le petit trou rond qui décèle la présence du ver, on voit apparaître un tire-bouchon de terre humide, puis un autre, puis le gros derrière du maître de la maison se montre à son tour, congestionné comme un visage d'apoplectique. Le derrière achève de se vider bien proprement dans le vide, jusqu'à ce que, ses petits besoins satisfaits, il disparaisse à nouveau dans sa profonde retraite.

Très longtemps, les hôtes des tranchées sans exception furent nos amis. Jamais, au grand jamais, il n'était fait de mal, par les poilus, à quelque animal que ce fût, le Boche excepté. Ces hommes, dont l'unique occupation et l'unique préoccupation est de tuer, se montrent, en dehors du combat, sensibles comme des femmes. La vie, à tous les gradins de l'échelle, est pour eux devenue sacrée et j'ai vu, à l'automne dernier, un soldat blessé aux deux jambes, quitter l'étroit layon qu'il suivait en forêt et se couler dans le fourré, malgré les ronces et malgré ses souffrances, pour ne pas écraser une colonne de fourmis rouges qui lui barrait la route !

Depuis quelques mois, cependant, les rats et les

souris ont été mis hors la loi commune. Ces indiscrètes bestioles ont, en effet, exagéré leur indiscrétion ; leur mépris de la propriété d'autrui vient en droite ligne de Karl Marx. Bien plus, ils affectent de nous traiter en intrus dans nos propres cagnas, et ils ne craignent pas de se promener sur nos visages pendant que nous dormons, en poussant des cris aigus qui semblent des rires diaboliques.

Bref, ils se sont rendus insupportables et la guerre a été déclarée par nous à ces « enfants de Boches », ainsi que nous les avons surnommés. De tous les moyens utilisés pour les mettre à mal, le plus pratique est le piège rapporté d'Afrique par des explorateurs qui l'employaient à chasser l'antilope : un lacet au bout d'une branche flexible, maintenue au sol par une fourchette de bois ; le rat passe la tête dans le lacet, tire, arrache la fourchette, et la branche se redresse brusquement en entraînant avec elle sa victime étranglée.

Je n'ai pas parlé des hôtes des tranchées les plus pullulants, les plus grouillants, les plus antipathiques. De qui je parle, on le devinera aisément, je pense, sans qu'il soit besoin de m'expliquer davantage : il me vient, à leur seul souvenir, des démangeaisons par tout le corps.

Je n'ai rien dit non plus des hôtes des tranchées

les plus gracieux et les plus charmants : les oiseaux. C'est que d'oiseaux il n'y en a plus, peut-on dire, dans nos forêts de l'Est : les balles et les obus les ont massacrés ou mis en fuite.

Dans tout mon premier hiver de campagne, je n'ai vu qu'un seul oiseau : le rouge-gorge dont j'ai parlé plus haut.

Mais mon séjour au camp Touret me réservait une grande joie. C'était la première fois que, depuis mon arrivée au front, ma compagnie occupait des tranchées de plaine. Vers six heures, un matin, je sors de ma casemate et m'en vais faire un tour à travers les boyaux. Soudain un coup au cœur : au-dessus de moi chante une alouette !

J'écoute le chant sacré et des souvenirs montent qui m'embuent les paupières.

Je me revois, tout petit, chez grand'mère, à la vieille ferme. Nous sommes tous les deux assis dans la prairie à garder les chèvres. Les alouettes chantent.

— Grand'mère, les oiseaux, est-ce qu'ils savent ce qu'ils disent ?

— Bien sûr, mon enfant.

— Alors, celui-là, qu'est-ce qu'il dit, grand'-mère ?

— Celui-là, mon enfant, c'est une alouette.

Elle dit : « Prie Dieu ! Prie Dieu ! » Et quand on l'entend, il faut faire bien vite une prière pour que l'alouette aille la porter aux anges.

— Et si on ne prie pas, grand'mère ?

— Si on ne prie pas, mon enfant, l'alouette pleure et les anges aussi...

Bonne vieille grand'mère, en ton souvenir, bien vite j'ai fait une prière.

Porte-la au ciel, ma prière, ô alouette, et dis aux anges qu'ils viennent avec nous combattre pour délivrer la France.

X

L'ASPIRANT BIZOUARD

Vers le milieu de mars, le lieutenant Merlin qui commande la compagnie me fait demander.

Il a l'air un peu gêné. Je sens qu'il cherche ses mots. Cette attitude, il l'avait le soir où il m'annonça que j'étais chargé d'aller tendre des fils de fer devant nos premières lignes.

Que se passe-t-il donc ?

Ceci :

— La compagnie, me dit-il, a reçu du dépôt un

aspirant et c'est à lui que revient, de par son grade, le commandement de votre section, la seule qui n'ait à sa tête ni lieutenant, ni « sous-officier supérieur ».

Il parle ! j'écoute !... (p. 337).

— Mais, mon lieutenant, cela est légitime, et il n'y a pas de quoi me formaliser. Vous me connaissez assez, je pense, pour savoir que notre aspirant peut compter sur mon concours le plus absolu.

Je regagne ma cahute.

Une heure après, un agent de liaison se présente :

— Sergent, voici l'aspirant qui arrive.

Celui-ci entre. Nous nous serrons la main. Je lui confectionne un fauteuil semblable au mien : couverture pliée sur un sac, et nous causons.

Je me doutais bien qu'il devait être de la classe 1914. Tout de même, il paraît vraiment un peu trop jeune. Pas un duvet sous le nez, pas une ombre de ride sur le visage. Des cheveux blonds et soyeux, de grands yeux francs, un perpétuel sourire qui, feu follet vagabond, éclaire tantôt le front, tantôt les joues, tantôt le bas du visage.

Il me dit son nom. Il appartient à l'École des mines de Saint-Étienne. Incidemment, et parce que la question s'y prête, j'apprends qu'il a été reçu à l'École normale supérieure, et qu'il a hésité entre les deux routes. Il raconte cela très simplement, sans pose ni contentement apparent, comme une chose sans grande importance.

Ma sympathie pour lui, née d'un premier regard, s'accentue. Mais cette sympathie même ne fait qu'augmenter l'inquiétude qui me tourmente :

— Comment cet enfant, ce gosse, va-t-il s'y prendre pour n'être pas inférieur à sa tâche?

Sans avoir l'air d'y toucher, je fais allusion à sa fonction nouvelle. Je l'entretiens de la section, je lui raconte tel acte de bravoure de l'un, tel trait de camaraderie de l'autre.

J'espère que l'aspirant va sentir le poids de sa responsabilité, qu'il s'effrayera un peu devant la difficulté de sa tâche.

Ah bien, oui !

Il trouve cela tout naturel, ce gosse, de commander à cinquante poilus, dont la plupart, bientôt, auront huit mois de campagne, qui ont vu Sarrebourg, Matexé, Xivray, la Haute-Alsace ! Les citations à l'ordre du jour? et puis après ! Les médailles militaires? Il y en a tant sur le front ! L'héroïsme ? tout l'hiver il en a plu pêle-mêle avec les averses ! Les blessures? ça se guérit ! La mort ? est-ce qu'on meurt à vingt ans !...

Cette fois, je l'avoue, j'ai un mouvement de mauvaise humeur. C'est trop de jeunesse, à la fin, et d'inexpérience et de confiance en soi. « Toi, mon petit, je t'attends au premier crapouillottage. Nous verrons si tu réussis à garder ton sourire. »

Je n'ai pas fini de parler *in petto* que : Baoum ! un 77 éclate non loin de notre abri.

— Quel calibre? m'a demandé l'aspirant.

Sa voix est calme ; mais l'obus est tombé à 20 mètres de nous. Cela ne compte pas.

D'autres obus, plus éloignés encore. Soudain un fusant tombe juste au-dessus de la cagna. Des shrapnells dégringolent tout autour de nous, mais sans nous atteindre.

L'aspirant ramasse un des morceaux de plomb, le soupèse :

— Pas bien dangereux, hein ? moins à craindre qu'un caillou lancé au tire-pierres ?

Il n'a pas bronché et son sourire est toujours le même. Il commence à m'intéresser, le gosse.

Le tir s'allonge. Nous parlons de Barrès et une admiration commune fait de notre conversation un péan à deux voix.

Le tir se rapproche.

— Et puis, continue l'aspirant, on peut dire que Barrès...

Un sifflement apocalyptique, un grondement épouvantable, la terre se brise en mille morceaux, le ciel se disloque, on se sent jeté, enveloppé, roulé dans un cataclysme, on se sent précipité dans les gouffres sans fond de l'abîme...

C'est un 210 qui a frappé sur la face extérieure du parapet de notre abri ; un énorme pan de terre s'effondre, entraînant un arbre qui domine le talus ; l'abri est à demi comblé ; les cailloux, les mottes de terre, les branches volent de toutes parts ; des éclats de fonte passent en sifflant à nos oreilles et vont s'enfoncer dans le parapet adverse avec un bruit mat.

Je ne suis pas touché. C'est un miracle.

Je regarde l'aspirant ; lui non plus n'est pas atteint ! Mais ses lèvres remuent ; il parle ; j'écoute :

— ... une partie de la reconnaissance que nous devons à notre généralissime.

Que me chante-t-il là ? L'épouvante lui a-t-elle fait perdre la tête ?... Je lui prends le bras ; je le fixe dans les yeux (toujours ce sourire !), je le secoue.

— Hé là ! camarade ! réveillez-vous !

Il me regarde, interloqué semble-t-il :

— Me réveiller ? Pourquoi ?

— Mais, fais-je — et c'est moi qui suis interloqué à mon tour — que voulez-vous dire avec votre généralissime ? A quoi cela rime-t-il ?

— Ce serait plutôt à moi de vous demander si vous ne dormez pas, riposte le jeune homme avec un franc éclat de rire. Nous parlons de Barrès, l'avez-vous donc oublié ? Et je disais que Barrès, par la lucidité de son esprit, par son optimisme raisonné, par les forces latentes qu'il découvre et met en mouvement dans les masses profondes du pays, mérite une partie de la reconnaissance due à notre généralissime. »

J'écoute la voix posée, un peu lente même. Je regarde le sourire qui atténue ce qui pourrait sembler d'un peu affecté dans cette sérénité sous les obus...

Ainsi donc, pendant le bouleversement produit par la terrible marmite, malgré le tumulte effrayant qui serre le cœur des plus résolus, l'aspirant, de sa même voix et de son même sourire, continuait la comparaison commencée, calme et maître de lui comme un vieux grognard !

L'émotion m'étreint ; l'admiration me transporte. J'ai à la fois envie de pleurer et de rire. Comme je l'embrasserais volontiers le gosse ! et même ces mots : le gosse, sonnent maintenant faux à mon oreille, tant l'aspirant a grandi à mes yeux, grandi et vieilli en quelques secondes.

Mais voici deux nouveaux obus, deux 105. L'un éclate à 10 mètres de nous, l'autre à 6 mètres. Nul doute ; la position est repérée ; les artilleurs boches en veulent à nos abris.

— Vite ! dis-je en me levant. Dehors ! et gagnons la casemate blindée.

— Vraiment? fait l'aspirant. Vous croyez que c'est bien nécessaire?

Le sourire s'est accentué encore. J'ai l'impression d'un peu de malice au coin des lèvres.

Ah çà! est-ce qu'il se ficherait de moi, par hasard? Aurait-il surpris dans mes yeux ou dans mes paroles une ironie pour son extrême jeunesse? A-t-il voulu me montrer que la valeur n'attend pas le nombre des années, que, s'il n'a pas l'expérience d'un chef, il en a le sang-froid, la fermeté, la bravoure; qu'il saura se mettre à la tête de ses hommes et mourir, s'il le faut, en souriant, à la française?...

Quoi qu'il ait pensé, quoi qu'il ait voulu, c'est un brave. Une fois à l'abri dans la casemate, je lui tends la main. Il me tend la sienne, un peu surpris. N'a-t-il pas compris ce que signifie cette étreinte?...

Elle signifie, mon aspirant, que de bon et grand cœur, sans arrière-pensée, ni regret, ni amertume, le vieux sergent, si fier de ses cinq mois de campagne, remet, entre les mains du bleu que vous étiez tout à l'heure encore, l'autorité qu'ont pu lui donner sur ses hommes, son âge, ses cheveux blancs et sa bonne volonté.

Vous êtes son chef. Parlez : il vous obéira.

XI

LA VALLÉE BLEUE

Ma compagnie quitta le Bois-Brûlé, dans la dernière quinzaine de mars, pour aller se reposer quelque temps aux abris de l'étang de Ronval.

Un heureux hasard, auquel ne fut pas étranger le lieutenant Jacquemot, qui commandait la compagnie, permit que plusieurs jours de suite je n'eusse à conduire aucune corvée : j'en profitai pour pousser mes promenades autour de l'étang, dans cette vallée pittoresque au fond de laquelle coule le ruisselet de la fontaine.

Sur la prairie d'un vert sombre qui tapisse le fond de la vallée, se reposent délicieusement mes regards. Quel contraste avec les apocalypses de la forêt d'Apremont : entonnoirs tumultueux, souches arrachées, branches éparpillées, végétation d'éclats d'obus !

L'étang, bordé de joncs, étale en son milieu une nappe glauque que ride le vent de la Woëvre et sur laquelle se glisse parfois, rapide et peureuse, une sarcelle. Des soldats égayent les rives de leur animation et de leurs rires. Les uns lavent leur linge, qu'ils vont ensuite étendre sur les arbres de la route. D'autres plongent avec délices dans l'eau froide et transparente leurs torses nus, que noircirent les fumées et les boues des tranchées.

Le long des collines grimpent les chênes, les hêtres, les aliziers dont les feuillages, diversement teintés, se marient en bouquets harmonieux. Quand le ciel est sans nuages, quand son azur peut librement se réfléchir dans les brumes légères qui montent du sol, la vallée entière semble vêtue d'une robe de gaze bleue.

Tout ici est intime et familial; tout dit le bonheur de vivre loin de l'agitation et du fracas des villes.

Mais pourquoi nul battement d'ailes n'anime-t-il le paysage et pourquoi le ciel de la vallée n'est-il visité que des balles perdues et des éclats balourds ?...

A mi-chemin d'un coteau, en bordure de la forêt qui commence, on a placé l'infirmerie et les cuisines : c'est le « village nègre ».

Qui n'a pas vu ces quatre cents cahutes, dont pas une ne se ressemble ; ces toits pointus d'où émergent les faisceaux de perches ; ces tourelles composées de deux tonneaux superposés et couronnés d'un clocheton de paille tressée ; cette « villa » dont quatre portes d'armoires, sculptées d'un travail délicat, forment la façade et qui, pour ses trois autres pans, a dû se contenter de claies de coudrier ; ce « château » qui, sur un premier étage de pierres, assemblées et cimentées avec de

Tout ici est intime et familial (p. 341).

la boue, s'orne « comme au Louvre » d'une colonnade de troncs d'arbres ; tous ces monuments de l'ingéniosité humaine, toutes ces architectures bizarres, issues d'une fantaisie désordonnée, celui-là ignore le sens du mot « pittoresque ».

Les villages voisins, ruinés par les canons ennemis, ont fourni la plupart des matériaux. C'est de leurs décombres qu'ont été retirés les poutres, les treillages, les planches, les boiseries, les meubles, qui ont servi à la construction et à l'ornement des cabanes.

Pas une qui n'ait son Christ, sa Vierge de plâtre, ses photographies de famille, son vase à fleurs, voire son portrait de Félix Faure.

Ainsi des foyers nouveaux se dressent maintenant sur les débris des foyers disparus, — pauvres foyers mélancoliques uniquement peuplés d'ombres !

Marbotte ferme une des issues de la vallée avec l'amas de ses maisons mortes, au-dessus desquelles, seule vivante, la petite église lance vers le ciel son clocher haut.

Le talus de droite l'a protégée, et n'était le coq du clocher, dont une balle a tordu la patte, et qui pointe la tête en avant, comme s'il allait plonger, on dirait que la guerre, prise de respect pour la petite église, a fait un détour pour ne pas troubler sa quiétude.

J'entre, et devant la statue de la Vierge qui m'attend à la porte, quelques instants je m'agenouille. Un regard ensuite autour de moi : rien n'a changé, depuis la guerre, ni le chemin de croix tout neuf, ni les bancs de gros chêne poli, ni la chaire, ni la grille du chœur, ni l'autel, avec ses candélabres et ses sculptures naïves.

Cependant la lampe du sanctuaire est éteinte, et cela veut dire que des événements graves se sont passés aux alentours et que l'église est abandonnée de son pasteur.

A tout petits pas, je me dirige vers le chœur. Comme il fait bon ici... « Maître, si vous le voulez, nous élèverons trois tentes... », comme ce silence est apaisant, comme ce spectacle familier apaise et réconforte !

Chaque pas fait lever un souvenir : souvenir de l'église de campagne où j'allais accompagner ma mère, enfant peureux qu'effrayait l'immensité de l'édifice ; souvenir de première communion, dans la basilique, tout embrasée de mille cierges, tout embaumée d'encens, toute fleurie de roses ; souvenirs de la chère église, où ma main dans la main de l'élue...

Comme elle est loin, la guerre !

Or, sans y prendre garde, je me suis écarté vers la droite, du côté du banc d'œuvre, et soudain, mon pied trébuche. Je baisse les yeux... du sang a coulé sur la dalle et, sous une couverture en loques, deux cadavres sont là, attendant la sépulture, cadavre d'un lieutenant à la tête fracassée, cadavre d'un soldat coupé en deux par un obus...

CHAPITRE XII

ADJUDANT

Le séjour à l'étang de Ronval marque pour moi une date mémorable, car ce fut là que je quittai la 6e compagnie et les hommes avec qui je vivais depuis mon arrivée sur le front.

A plusieurs reprises, les commandants de compagnie qui s'étaient succédé à la 6e m'avaient offert une place sur le tableau d'avancement : toujours j'avais refusé, quelle que fût l'insistance montrée.

Ici une parenthèse.

La guerre consomme beaucoup de chefs de section, et tout soldat, doué d'une intelligence et d'une activité moyennes, peut, sans montrer une ambition extrême, rêver aux galons d'adjudant ou de sous-lieutenant. Qu'on ne voie donc pas, dans ce qui précède et dans ce qui va suivre, une marque spéciale de vanité, ni la conviction d'une supériorité sur mes camarades.

Je me rends compte, d'ailleurs, que ma qualité de territorial ne me nuisait pas dans l'esprit de mes chefs immédiats. J'étais, en effet, l'aîné de la plupart d'entre eux, et je le paraissais davantage encore avec mes cheveux argentés qui me donnaient un faux air de vétéran.

Ce fut le lieutenant Saury qui se montra le plus ardent à m'entreprendre. Il était, avant la guerre, avocat à Paris et probablement s'amusa-t-il de plaider cette cause, moins par une conviction passionnée de son sujet que par le besoin d'exercer des facultés demeurées sans emploi et le désir de triompher dans un art où il était passé maître.

Qu'il me pardonne si sa plaidoirie, traduite par ma bouche, ne garde plus aucune saveur. Je reproduis ses arguments, mais tout nus, sans essayer de les habiller comme il savait le faire.

— Les services que vous rendez en n'étant que sergent, me disait-il, vous les rendrez bien mieux avec un grade supérieur. L'autorité des galons renforcera votre autorité naturelle. Plus haut vous serez placé et mieux vous pourrez remplir votre devoir.

— Ce n'est pas mon avis, répondais-je. J'étais sergent dans l'active, je connais mon métier, je le possède, et si je le domine un peu, tant mieux pour ceux que je commande. Mais rien ne m'a préparé au rôle d'officier ; je me sentirais, si j'étais officier, inférieur à ma tâche et dépaysé comme avec des gens ne parlant pas ma langue. Je nie, d'ailleurs, que l'autorité s'accroisse avec les galons. L'autorité véritable ignore les marques extérieures de respect. Il y a parmi les simples soldats des chefs-nés. Cela se reconnaît à la promptitude de la décision, à la fermeté du caractère, à la façon joyeuse d'obéir. Cela se devine à une nuance de la voix, à une attitude familière, à un pli du visage. Vienne une circonstance où il faille entraîner des hommes et le chef se révélera et il se fera suivre.

— Laissons de côté les généralités, disait le lieutenant Saury, parlons de nous. Vous ne pouvez nier que l'homme n'arrive à se réaliser dans sa plénitude qu'en établissant sa personnalité au-dessus des personnalités environnantes. Êtes-vous donc si détaché des contingences que l'offre d'un commandement n'amène pas même un cillement à vos paupières?

— Non pas, je l'avoue : je suis bien trop orgueilleux pour cela. Mais il y a des satisfactions d'un autre ordre et que j'estime supérieures à la satisfaction de commander. A mes débuts dans la vie et tant que la maison choisie par moi ne fut pas devenue ainsi que « ma Maison », je me suis toujours efforcé de ne pas dépendre d'un seul maître afin d'éviter à mon cou le carcan de la servitude. J'étais journaliste, mais j'étais professeur, et j'étais placier. Ce besoin d'indépendance ne s'est pas atténué avec l'âge. Je ne veux pas me laisser prendre dans l'engrenage. Je ne veux pas m'exposer à la tentation de collectionner des grades. Je veux pouvoir dire au chef à qui j'aurai cessé de plaire : « Vous croyez que je ne suis pas à ma place? remettez-moi simple soldat. Je n'en aurai nulle rancune pour vous ni pour moi nulle mésestime. »

— Ce sont là de beaux sentiments, disait le lieutenant Saury....

Mais ici une seconde parenthèse n'est peut-être pas inutile.

Tout ce qu'écrit un soldat qui se bat prend un peu, sans qu'il le veuille, l'apparence d'un testament.

Il pense :

« Cette lettre que je fais, d'autres la suivront-elles? Ce chapitre que je dévide, ne sera-t-il pas le dernier?... »

Je l'ai, cette impression, en écrivant ces pages, plus forte que jamais. Mon bataillon, lancé en extrême pointe dans une région au nom tragique, se trouve enveloppé de trois côtés par les masses ennemies. Le printemps s'épanouit dans les jardins du village occupée par nous, mais de sa fraîcheur et de sa douceur jouirons-nous cette année?

Tout le long, tout le long du jour, les obus ennemis martèlent et pétrissent nos décombres. Il nous faut nous terrer dans les caves, en compagnie des rats familiers. Quelle que soit l'ardeur du soleil, c'est la pâlote lueur des bougies qui nous éclaire, et quand parfois nous nous risquons à passer nos têtes par les portes basses, nous battons les paupières à la lumière trop vive, ainsi que des oiseaux de nuit.

Nous ne sortons que le soir quand l'orage s'apaise.

Vivre un printemps, la nuit, vous imaginez-vous ce que cela représente? Pas de chants d'oiseaux, hors la plainte de la chouette sinistre : « Hou hou, hou hou! semble dire la chouette ; tu t'en vas par là mais tu ne reviendras pas. Hou hou, hou hou ! »

Dans les jardins il y a des fleurs ; nous ne les voyons pas, malgré nos yeux écarquillés, mais parfois la brise soulève jusqu'à nos narines des nappes odorantes, tissées de violettes et de fleurs de pêcher.

Des arbustes hâtifs, chauffés par les murs près desquels ils s'abritent, se couvrent de feuillage. Mais les rameaux que nous brisons, pour sentir sous nos doigts la caresse des feuilles, nous semblent, avec la grisaille de l'ombre, des rameaux d'automne, des rameaux de feuilles mortes.

Ajoutez à ces visions mélancoliques la menace des obus qui, nous sachant dehors, battent la plaine à notre recherche ; qui nous suivent dans nos rondes, qui nous guettent dans nos patrouilles ; et permettez-moi de m'étendre tout à mon aise, puisque le sujet m'intéresse et puisque, si je mène au bout ce chapitre, il permettra à ceux qui m'aiment de connaître un peu mieux mes pensées de guerre...

— Ce sont là de beaux sentiments, disait donc le lieutenant Saury, un tantinet railleur. Mais, à moins de poser pour le stoïcien de bronze ou pour le Diogène à qui suffit son tonneau, la qualité d'officier comporte certains avantages qui ne sauraient vous laisser indifférent...

— Quels avantages? l'argent? je suffis à mes besoins qui sont modestes ; une solde plus forte ne payerait pas la perte de ma liberté d'allures. Le prestige? mes « sardines » (1) m'en rapportent

(1) Désignation, dans l'argot militaire, des deux larges galons dorés du sergent d'infanterie.

plus que ne le feraient des galons d'or. Ne voyez-vous pas que je serais ridicule en sous-lieutenant avec ma moustache épaisse de gendarme et mon front dégarni? Qui dit sous-lieutenant dit saint-cyrien, polytechnicien, jeunesse. Mais si j'ai la bonne volonté et l'ardeur de la jeunesse, je n'en ai plus les apparences. Que m'offrez-vous encore? des satisfactions matérielles? une cagna moins étroite? une couche plus confortable? une table meilleure? mais ce qui justement dans mon état me séduit davantage c'est qu'il m'appareille à mes hommes. Je vis avec eux nuit et jour ; je mange à leur gamelle ; je partage leur paille humide ; j'ai froid avec eux ; je suis ce que j'ai rêvé d'être en venant sur le front : un vrai poilu. Mon sort est le plus beau et je n'en envie pas d'autre.

— J'analyse vos arguments, rétorquait le lieutenant Saury, je les dissèque, je les pèse, et savez-vous à quelle conclusion j'en arrive? Tout simplement à celle-ci (ne vous formalisez pas) que vous avez peur des responsabilités.

— Peur des responsabilités ! m'écriais-je, vexé profondément mais n'en voulant rien laisser paraître. Peur des responsabilités ! moi qui justement, au cours de ma vie, ai mérité le reproche contraire, combien de fois ! Combien de fois a-t-il dû refréner mon zèle, le regretté M. Fillion, chef de nos services à l'Havas : « C'est très bien, Péricard. d'avoir des idées personnelles. Il ne faudrait pas oublier cependant que la maison n'est pas à vous ! »

Mais il s'agit ici de sujets trop graves : la vie d'enfants dont les mères me regardent, la vie de pères dont les enfants attendent, et, plus encore, le salut du pays. D'autres sont mieux qualifiés que moi, que ces responsabilités stimulent. Pourquoi donc violenter mes goûts alors que la nécessité ne m'en apparaît pas évidente ?

Ainsi vagabondait la conversation de l'un à l'autre et je gardais le dernier mot.

Mais un jour le lieutenant Saury me dit, et il y avait dans sa voix un peu d'impatience :

— Vous déplacez constamment le problème. Il ne s'agit pas de vos convenances, ni de vos préférences, ni de votre opinion, mais de votre devoir. Vous êtes d'un avis, mais vos chefs sont d'un autre. Et sans biaiser, ni tergiverser davantage, je vous demande : « Avez-vous le droit de vous obstiner dans votre refus ? » Le droit, vous m'entendez, le droit !

Et cette fois le dernier mot fut pour le lieutenant Saury. Et quelques jours après, je comparaissais devant le chef de bataillon, le commandant Frossard :

— Je vous ai proposé comme adjudant, me dit le commandant Frossard, qui feuilletait des papiers, les yeux baissés, et je suis heureux...

Mais il s'arrêta brusquement. Ses yeux venaient

...J'avais des souliers en boue, un pantalon en boue (p. 354).

de se poser sur moi et une mine dégoûtée se dessinait sur ses lèvres.

Il faut dire que, descendu des tranchées la veille, je n'avais pas eu le temps encore d'enlever les souillures d'un long séjour en première ligne. Mes cheveux entraient dans mon cou ; une barbe de quinze jours hérissait jusqu'à mes yeux une forêt de poils rêches; j'avais des souliers en boue, un pantalon en boue; la boue ne laissait apparaître que de loin en loin sur ma capote quelque mince carré d'étoffe jaunie...

De quoi était-il heureux, le commandant? Je ne le saurai jamais sans doute. Je devais lui faire horreur à lui toujours si net et si pimpant, et qui trouvait moyen de marcher dans nos boyaux sans maculer d'une tache le vernis de ses bottines.

Je fus nommé pourtant, et je changeai de bataillon.

Quelques mois après, à Boncourt, comme je saluais dans la rue le commandant Frossard, celui-ci vint à moi la main tendue.

— Bonjour, Péricard, me dit-il; j'ai appris avec plaisir que vos chefs étaient contents de vous. Je n'étais pas sans inquiétude (1)...

(1) La suite de ces souvenirs paraîtra — s'il plaît à Dieu — dans *Pâques Rouges*. C'est dans cette deuxième série, destinée à prendre place immédiatement après *Face à Face*, que sera fait le récit des combats du Bois-Brûlé au mois d'avril 1915.

TABLE DES MATIÈRES

QUATRIÈME PARTIE

TÊTE A VACHE

CINQUIÈME PARTIE

LE BOIS-BRULÉ

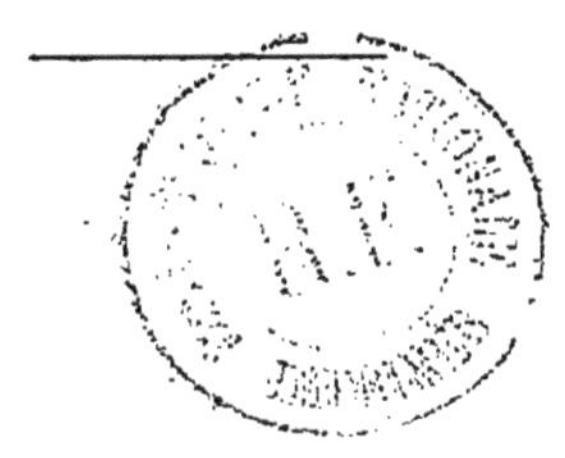

988-16. — Corbeil, Imprimerie Crété.

CAPITAINE Z...

L'ARMÉE DE LA GUERRE

In-16 .... 3 50

... J'ignore quel est le nom de l'officier qui est l'auteur de *L'Armée de la Guerre*... Mais il a écrit, entre ses combats, un livre remarquable, plein de feu, de maîtrise et de réalité ; un livre qui suffit à classer son homme. Ce livre, je l'ai lu deux fois...

... *L'Armée de la Guerre* aura certainement de l'influence sur notre corps d'officiers et sur les générations nouvelles. C'est, en quelque façon, un chef-d'œuvre... Il faut lire et faire lire *L'Armée de la Guerre*. LÉON DAUDET. (*L'Action française*.)

STÉPHANE LAUZANNE

FEUILLES DE ROUTE D'UN MOBILISÉ

In-16 .... 3 50

Ce livre est un de ceux qui, à distance, donneront le plus fidèlement l'impression de la guerre vécue au jour le jour... C'est par là que des livres comme celui de M. Stéphane Lauzanne sont précieux : ils nous défendront efficacement contre la légende de demain, et c'est par eux que les hommes qui n'auront pas vécu le sombre drame comprendront vraiment pour quelle cause nous avons lutté et pour quel idéal nous avons souffert.

ROLAND DE MARÈS. (*Les Annales politiques et littéraires*.)

COMMANDANT ÉMILE VEDEL

NOS MARINS A LA GUERRE SUR MER ET SUR TERRE

In-16 .... 3 50

On s'étonnera que je parle d'un livre, — ce que je ne fais jamais, surtout parce que je ne sais pas le faire. Mais ce livre-là, outre qu'il est admirable, est l'unique qui ait été écrit sur nos marins *combattant à la mer*. . La grande épopée funèbre des Dardanelles, encore si peu connue du public français, a été fixée là par l'auteur définitivement, avec une vérité absolue et un relief souverain. Tels qu'il a su les décrire, à l'aide de mots pourtant très simples, les torpillages atroces, les luttes sous-marines dans l'étouffement et les ténèbres, les plongées pour ne plus remonter jamais, dépassent en beauté et en terreur toutes les images qu'on en avait données jusqu'à ce jour...

PIERRE LOTI. (*Le Petit Parisien*.)

ANTOINE REDIER (Lieutenant R...)

MÉDITATIONS DANS LA TRANCHÉE

In-16 .... **3 50**

« A mes fils, pour qu'ils soient, quand ils auront grandi, des hommes d'honneur, forts, libres et braves », telle est la dédicace de ce livre de penseur et de soldat, franc et simple, profond et vrai. « Nous y avons trouvé, écrit M. Paul Courcoural dans le *Nouvelliste de Bordeaux*, de la joie, de la lumière, une âme et une pensée françaises au plus haut point, et, vraiment, c'est un beau livre, un livre puissant... un livre de bon sens, de santé et de vie ».

ANTOINE DELÉCRAZ

PARIS PENDANT LA MOBILISATION — 1914 —

In-16 .... **3 50**

... Le livre de M. Antoine Delécraz, *Paris pendant la mobilisation*, ne plaira pas à ceux-là seuls auxquels il est dédié, « aux Parisiens qui n'ont pas quitté Paris pendant les premières journées de septembre » ; d'abord parce que beaucoup de Parisiens ont dû s'éloigner alors pour des raisons majeures ; ensuite parce que ce volume constitue justement un recueil de documents intéressants sur la vie civile de la capitale au début de la guerre ; enfin parce qu'il est écrit avec un pittoresque savoureux, et que les intentions parfois malicieuses de l'auteur s'atténuent d'une bonhomie indulgente et émue.

(*L'Illustration*.)

VICTOR BUCAILLE

LETTRES DE PRÊTRES AUX ARMÉES

In-16 .... **3 50**

... Un livre dont les multiples auteurs proviennent d'une partie très déterminée de la nation. Et il pousse pourtant notre vision bien au delà de telle catégorie sociale... toutes ses pages vibrent des frémissements de la patrie entière. Il s'agit des *Lettres de prêtres aux armées* qu'a recueillies M. Victor Bucaille...

PIERRE DE LESCURE. (*Annales politiques et littéraires*.)

Imp. E. Durand, 18, Rue Séguier, Paris

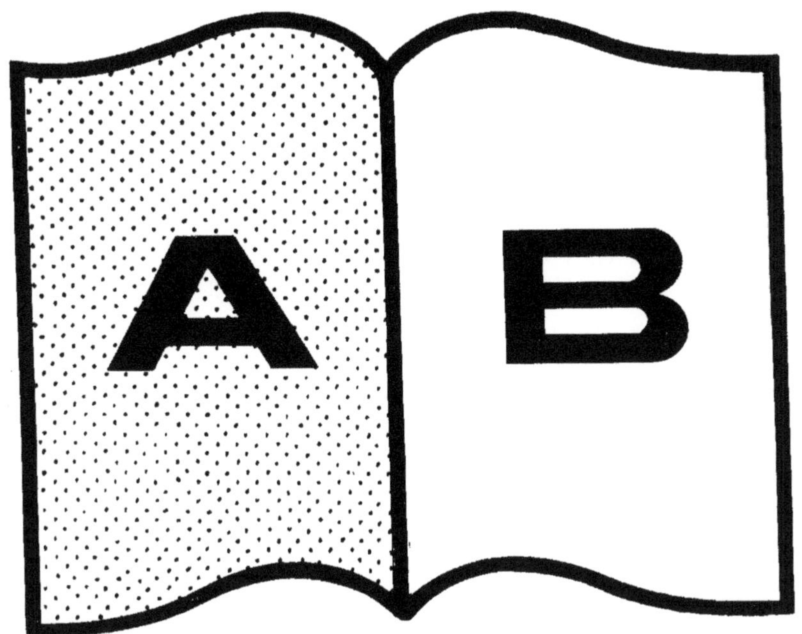

Contraste insuffisant

NF Z 43-120-14

www.ingramcontent.com/pod-product-compliance
Ingram Content Group UK Ltd.
Pitfield, Milton Keynes, MK11 3LW, UK
UKHW020157250726
13967UKWH00003B/1121

9 782012 930896